Ein

Problem!

kann viele Seiten haben.
Hier zeigen 288 Seiten,
daß alles gar nicht
so schlimm ist.

Das Buch für alle, die sich nicht so leicht verrückt machen lassen wollen

Richard Carlson

Alles kein Problem!

Richard Carlson

Alles kein Problem!

Das Buch für alle,
die sich nicht so leicht verrückt
machen lassen wollen

Aus dem Amerikanischen
von Renate Dornberg

Knaur

Titel der Originalausgabe: Don't Sweat the Small Stuff ...
and It's All Small Stuff. Simple Ways to Keep the Little Things
From Taking Over Your Life
Originalverlag: Hyperion, New York

Umschlaggestaltung Agentur Zero, München
Satz MPM, Wasserburg
Druck und Bindung Franz Spiegel, Ulm
Printed in Germany
ISBN 3-426-66601-4

4 5 3

Ich widme dieses Buch meinen Töchtern Jazzy und Kenna, die mich jeden Tag erneut daran erinnern, wie wichtig es ist, sich nicht verrückt machen zu lassen. Ich liebe Euch sehr. Danke, daß Ihr so seid und nicht anders.

Dank

Ich möchte folgenden Personen dafür danken, daß sie mir bei der Fertigstellung dieses Buches geholfen haben: Patti Breitman für ihren Enthusiasmus und ihre Unterstützung, was diesen Titel anbelangt, aber auch für ihr Engagement und ihre weise Einsicht, sich nicht verrückt machen zu lassen. Und Leslie Wells für ihre Ideen und ihr einfühlsames Lektorat. Euch beiden besten Dank.

Inhalt

Einführung

Die größte Entdeckung meiner Generation ist,
daß ein Mensch sein Leben ändern kann,
indem er seine Einstellung ändert.

William James

Wenn wir mit einer schlechten Nachricht, einem schwierigen Menschen oder einer Enttäuschung konfrontiert werden, verfallen die meisten von uns in bestimmte Verhaltensmuster – Reaktionen auf das Leben, vor allem auf Widrigkeiten, die uns in keiner Weise weiterhelfen. Wir reagieren über, machen aus einer Mücke einen Elefanten, verkrampfen uns und sehen nur die negativen Seiten des Daseins. Wenn wir uns von Kleinigkeiten lähmen lassen, wenn wir gereizt, verärgert sind oder uns leicht aufregen, lassen uns diese (Über-)Reaktionen aber nicht nur frustriert sein, sondern sie verhindern auch, daß wir das erreichen, was wir uns eigentlich vorgenommen haben. Wir führen uns nicht mehr das Ganze vor Augen, sondern konzentrieren uns nur auf das Negative und verärgern so auch noch all diejenigen, die uns ansonsten vielleicht geholfen hätten. Kurz, wir verhalten uns so, als wäre unser Leben ein einziger großer Notfall! Oft rennen wir hektisch herum, versuchen, Probleme zu lösen, während wir sie in Wirklichkeit nur verschlimmern. Weil alles hochgespielt und aufgebauscht wird, verbringen wir schließlich unser Leben damit, von einem Drama ins nächste zu stürzen.

Und nach einer Weile sind wir dann selbst davon überzeugt, daß das alles von höchster Wichtigkeit ist. Wir erkennen nicht, daß die Art, wie wir mit unseren Problemen umgehen, sehr viel damit zu tun hat, wie schnell und effizient wir sie lösen können. Wenn Sie sich, wie ich hoffe, erst einmal daran gewöhnen, das Leben gelassener zu nehmen, werden Sie feststellen, daß scheinbar unüberwindliche Probleme plötzlich leichter zu bewältigen sind. Und selbst wirklicher Streß wird Sie nicht mehr wie früher aus der Bahn werfen.

Glücklicherweise kann man nämlich auch anders – weicher, sanfter – auf das Problem reagieren, wodurch das Leben einfacher wird und die Menschen angenehmer. Dazu müssen Sie alte Reaktionsmuster durch neue, weitsichtigere ersetzen, die uns dann ein reicheres, befriedigenderes Leben ermöglichen.

Ich möchte Ihnen hier eine persönliche Geschichte erzählen, die mir sehr naheging und mich etwas Wichtiges gelehrt hat. Die Ereignisse dieser Geschichte waren für das Entstehen des vorliegenden Titels verantwortlich.

Vor ungefähr einem Jahr trat ein ausländischer Verleger an mich heran und bat mich darum, den Bestseller-Autor Dr. Wayne Dyer für eine ausländische Ausgabe meines Buches

»You Can Feel Good Again« um einige lobende Worte zu bitten. Dr. Dyer hatte zwar schon bei einem früheren Buch von mir ein Geleitwort geschrieben, ich wußte aber nicht, ob er bereit war, dies ein zweites Mal zu tun.

Ich schickte meinen Brief mit der Bitte also ab, aber wie so oft im Verlagswesen hörte ich nichts mehr. Nach einiger Zeit kam ich zu dem Schluß, daß Dr. Dyer entweder zu beschäftigt war oder keine weitere Lobrede verfassen wollte. Ich respektierte seine Entscheidung und ließ den Verleger wissen, daß wir Dr. Dyers Namen bei der Werbung für mein Buch nicht würden benutzen können. Damit hielt ich den Fall für erledigt.

Ungefähr sechs Monate später bekam ich jedoch ein Exemplar der ausländischen Ausgabe, und da standen doch auf dem Umschlag exakt die Lobesworte von Dr. Dyer, die auch für das vorhergehende Buch verwendet worden waren. Trotz meiner ausdrücklichen Anweisungen hatte der ausländische Verleger also das frühere Zitat genommen und es einfach auf den neuen Titel übertragen. Ich regte mich enorm auf und machte mir auch wegen der möglichen Folgen Sorgen. Also rief ich meinen Agenten an, der sich sofort mit dem Verleger in Verbindung setzte und verlangte, daß die Bücher zurückbeordert würden.

Inzwischen schickte ich Dr. Dyer ein Entschuldigungsschreiben, in dem ich nicht nur die Situation erklärte, sondern ihm auch mitteilte, wie der Fehler korrigiert werden sollte. Nach ein paar Wochen, in denen ich mich fragte, wie seine Antwort wohl ausfallen würde, erhielt ich einen Brief mit folgendem Wortlaut: »Richard. Es gibt eine wichtige Regel für ein harmonisches Leben: Sich bloß nicht verrückt machen lassen! Lassen Sie das Zitat einfach so stehen, wie es ist. Herzlichst, Wayne.«

Das war alles! Keine Predigt, keine Drohungen. Kein Eingeschnapptsein und keine Konfrontation. Trotz des zweifellos unrechtmäßigen Gebrauchs seines überaus berühmten Namens antwortete er mit Anmut und Demut, die Ruhe selbst. Seine Reaktion war ein wunderbares Beispiel dafür, das Leben zu nehmen, wie das Leben eben kommt, zu lernen, sanft und gelassen auf Probleme zu reagieren.

Inzwischen habe ich mehr als ein Jahrzehnt mit Klienten gearbeitet, habe ihnen geholfen, dem Leben mit mehr Gelassenheit zu begegnen. Zusammen sind wir alle Arten von Schwierigkeiten angegangen: Streß, Beziehungsprobleme, berufliche Probleme, Suchtkrankheiten und allgemeine Frustration.

In diesem Buch möchte ich Sie mit ganz spezifischen Strategien vertraut machen, die Sie noch heute in die Tat umsetzen können. Sie werden Ihnen helfen, dem Leben gelassener zu begegnen. Diese Strategien haben sich bei meinen Klienten und Lesern im Laufe der Jahre als überaus erfolgreich erwiesen. Und sie zeigen auch, wie ich mein eigenes Leben am liebsten angehe: auf dem Weg des geringsten Widerstands. Jede Strategie ist einfach und dennoch wirkungsvoll und wird Sie zu größerer Gleichmut und einem entspannteren Leben leiten. Sie werden sehen, daß viele Strategien nicht nur auf Einzelfälle anzuwenden sind, sondern sogar auf viele der schwierigsten Herausforderungen des Lebens.

Wenn Sie »sich nicht verrückt machen lassen«, wird Ihr Leben zwar nicht perfekt sein, aber Sie *werden* lernen, dem Leben und dem, was es zu bieten hat, weniger Widerstand entgegenzubringen. Wenn Sie in der Lage sind, Probleme loszulassen, anstatt sich mit aller Macht gegen sie zu stemmen, wird Ihre Existenz, wie es uns die Zen-Philosophie lehrt, zu fließen beginnen. Sie werden das können, worum wir im Gebet der Gelassenheit bitten: Die Dinge zu ändern, die sich ändern lassen, die Dinge zu akzeptieren, bei denen dies nicht möglich ist, und die Weisheit, zwischen beidem zu unterscheiden. Ich bin überzeugt, Sie werden, wenn Sie es mit diesen Strategien versuchen, die wichtige Regel der Harmonie lernen. Sich bloß nicht verrückt machen lassen! Wenn Sie diese Idee in Ihr Leben integrieren, dann können Sie ein liebevollerer Mensch werden und innere Ruhe finden.

1.

Alles kein Problem!

Oft regen wir uns künstlich über Dinge auf, die bei näherer Betrachtung eigentlich gar nicht so wichtig sind. Wir nehmen kleine Probleme und Problemchen und bauschen sie bis zur Unkenntlichkeit auf. Jemand schneidet uns zum Beispiel den Weg ab. Statt gleichmütig darüber hinwegzugehen, überzeugen wir uns, daß unser Zorn berechtigt ist; wir spielen in Gedanken eine imaginäre Konfrontation durch. Viele von uns erzählen sogar später noch jemand anderem von dem Vorfall, anstatt ihn einfach zu vergessen. Warum lassen wir den Fahrer seinen Unfall nicht einfach woanders haben? Versuchen Sie, Mitleid zu empfinden für diesen Menschen und sich daran zu erinnern, wie betrüblich es ist, dermaßen in Eile zu sein. Auf diese Weise bleibt unser eigenes Wohlbefinden unangetastet, und wir vermeiden, anderer Leute Probleme zu den unseren zu machen.

In unserem Leben gibt es viele Beispiele für derartige Banalitäten. Ob wir nun in einer Schlange warten, uns unberechtigte

Kritik anhören oder den Löwenanteil an Arbeit erledigen mußten – es zahlt sich enorm aus, wenn wir lernen, uns nicht über Kleinigkeiten aufzuregen. Viele Menschen verschwenden so viel Lebensenergie auf Nichtigkeiten, daß sie den Zauber und die Schönheit des Lebens überhaupt nicht mehr wahrnehmen können. Wenn Sie sich aber entschließen, für dieses Ziel zu arbeiten, werden Sie feststellen, daß Ihnen weitaus mehr Energie für Freundlichkeit und Sanftheit zur Verfügung steht.

2.

Geben Sie sich mit Unzulänglichkeit zufrieden

Mir ist bislang noch kein absoluter Perfektionist begegnet, dessen Leben von innerem Frieden erfüllt gewesen wäre. Das Bedürfnis nach Perfektion und der Wunsch nach innerer Ruhe schließen sich aus. Wenn wir darauf bestehen, daß etwas so oder so zu sein habe, nämlich besser, als es schon ist, dann kämpfen wir unweigerlich auf verlorenem Posten. Statt zufrieden und dankbar zu sein für das, was wir haben, sind wir fixiert auf das, was uns mangelhaft erscheint, sowie auf unser Bedürfnis, es in Ordnung zu bringen. Wenn wir aber nur noch wahrnehmen, was uns nicht gefällt, bedeutet das, daß wir unzufrieden sind.

Ob es nun mit uns selbst zu tun hat – ein unaufgeräumter Schrank, ein Kratzer am Auto, eine unbefriedigende Leistung, ein paar Pfund zuviel um die Hüften – oder mit der Unzulänglichkeit eines anderen – wie er aussieht, sich verhält, sein Leben führt –, schon die Fixierung auf diese vermeintlichen Mängel entfernt uns von unserem Ziel, freundlich und sanftmütig zu sein. Diese Strategie hat nichts damit zu tun, daß Sie nicht Ihr Bestes geben sollen, sondern damit, sich zu sehr auf das zu konzentrieren, was Ihnen im Leben nicht paßt, was falsch läuft. Sie sollen erkennen, daß es zwar immer eine bessere Lösung oder einen besseren Weg gibt, dies jedoch nicht bedeutet, daß Sie die Dinge, so wie sie sind, nicht genießen und würdigen können.

Die Verbesserungsmöglichkeit besteht darin, sich dabei zu ertappen, wenn Sie einmal wieder darauf bestehen, daß etwas anders zu sein hat, als es momentan ist. Erinnern Sie sich sanft daran, daß das Leben, so wie es hier und jetzt ist, ganz in Ordnung ist. Denn ohne Ihre negative Einstellung wäre tatsächlich alles gut. Unterdrücken Sie Ihr Bedürfnis nach Perfektion in allen Lebensbereichen und Sie werden die Vollkommenheit im Leben selbst entdecken.

3.

Bedenken Sie: Auch sanfte, entspannte Menschen können Erfolgstypen sein

Eine der Hauptursachen, warum viele von uns gehetzt, verängstigt und auf Erfolg fixiert bleiben und sich weiter so verhalten, als wäre das Leben ein einziger großer Notfall, liegt in der Sorge begründet, wir könnten, wenn wir friedlicher und liebevoller wären, plötzlich unsere Ziele nicht mehr erreichen, wir würden faul und apathisch.

Diese Gedanken sind völlig unbegründet, ja, es trifft in Wirklichkeit sogar das Gegenteil zu. Verängstigtes, hektisches Überlegen frißt eine ungeheuere Menge Energie und entzieht unserem Leben Kreativität und Motivation. Wenn Sie besorgt oder panisch sind, lähmen Sie sich und berauben sich Ihres größten Potentials – vom Vergnügen mal ganz abgesehen. Jeder Erfolg, den Sie verbuchen können, ist nicht wegen, sondern trotz Ihrer Angst möglich geworden.

Ich hatte das Glück, immer wieder die Gesellschaft von sehr entspannten, gelassenen und von Liebe erfüllten Menschen genießen zu dürfen. Es waren Bestseller-Autoren, einfühlsame Eltern, Berater, Computerexperten und Vorstandsvorsitzende darunter. Alle fanden sie Erfüllung in dem, was sie machten, und sie nutzen ihre Fähigkeiten zu ihrem Besten.

Diese wichtige Lektion habe ich gelernt: Wenn Sie haben, was Sie haben wollen, nämlich inneren Frieden, werden Sie durch Ihre Wünsche, Bedürfnisse, Begierden und Sorgen *weniger* abgelenkt und können sich daher leichter auf das Erreichen Ihrer Ziele konzentrieren und anderen Gutes tun.

4.

Passen Sie auf: Ihre Gedanken können zu einer Lawine werden

Eine besonders wirkungsvolle Methode, inneren Frieden zu finden, besteht darin, sich bewußt zu machen, wie schnell negatives, unsicheres Denken außer Kontrolle geraten kann. Haben Sie schon einmal bemerkt, wie verkrampft Sie sind, wenn Sie sich in Ihren Gedanken verheddern? Und je mehr Sie sich in alle Einzelheiten vertiefen, über das Sie sich gerade aufregen, desto schlechter fühlen Sie sich. Ein Gedanke führt zum nächsten, Sie steigern sich immer weiter hinein, bis Sie schließlich völlig durchgedreht sind.

Sie wachen zum Beispiel mitten in der Nacht auf und erinnern sich an einen Telefonanruf, den Sie am nächsten Tag machen müssen. Statt erleichtert zu sein, daß Sie daran gedacht haben, fangen Sie nun an, sich durch den Kopf gehen zu lassen, was Sie morgen noch alles erledigen müssen. Sie gehen eine mögliche Unterhaltung mit Ihrer Chefin durch und regen sich immer mehr auf. Schon bald denken Sie: »Es darf doch nicht wahr sein,

wieviel ich immer zu erledigen habe. Ich muß fünfzig Telefonate am Tag führen. Ich bin nicht mehr Herr meiner Zeit!« und so weiter, bis Sie sich ganz schrecklich leid tun. Bei vielen Menschen nimmt so ein »Angriff der Gedanken« überhaupt kein Ende. Ja, Klienten haben mir erzählt, daß viele ihrer Tage und Nächte mit derartigen innerlichen Probedurchläufen angefüllt sind. Und natürlich ist es unmöglich, Ruhe zu finden, wenn im Kopf Sorgen und Ängste toben.
Die Lösung: Sie müssen merken, was in Ihrem Kopf vor sich geht, bevor Ihre Gedanken noch zu einer Lawine werden. Je eher Sie sich dabei ertappen, daß Ihre Gedanken mit Ihnen durchgehen, desto leichter sind sie aufzuhalten. Bei unserem obigen Beispiel könnten Sie die drohende Lawine stoppen, sobald Sie die Liste der Erledigungen für den nächsten Tag durchzugehen beginnen. Dann könnten Sie, statt sich über den kommenden Tag den Kopf zu zerbrechen, sagen: »Aufgepaßt!« – und sie bewußt im Keim ersticken. Sie unterbrechen so Ihren Gedankengang, bevor er noch so richtig in Fahrt kommen kann. Dann empfinden Sie, anstatt sich überfordert zu fühlen, einfach Dankbarkeit, sich überhaupt an den Telefonanruf erinnert zu haben. Notieren Sie ihn sich, falls es mitten in der Nacht ist, auf einen Zettel und schlafen Sie wieder ein. Sie können sogar in Erwägung ziehen, für solche Fälle Papier und Bleistift am Bett bereitzuhalten.
Vielleicht sind Sie ja tatsächlich ein vielbeschäftigter Mensch,

aber vergessen Sie nicht, daß sich Ihr Problem nur verschlimmert, wenn Sie ständig daran denken, wie überfordert Sie sind; dann fühlen Sie sich nur noch viel gestreßter. Versuchen Sie es mit dieser einfachen, kleinen Übung, wenn Sie wieder einmal über Ihren vollgestopften Tag nachdenken. Sie werden verblüfft sein, wie wirkungsvoll sie ist.

5.

Entwickeln Sie Mitgefühl

Nichts bringt uns mehr Frieden als Mitgefühl mit unseren Mitmenschen. Mit jemandem zu fühlen heißt, sich in ihn hineinzuversetzen, Einfühlungsvermögen zu zeigen, die eigene Situation zu vergessen und sich vorzustellen, wie es ist, in der Lage eines anderen zu sein – und gleichzeitig Liebe für diesen Menschen zu empfinden. Mitgefühl heißt zu verstehen, daß die Probleme und Frustrationen, das Leid, der Schmerz unserer Mitmenschen ebenso schlimm sind wie unsere eigenen – wenn nicht noch schlimmer. Indem wir diese Tatsache anerkennen und versuchen, Hilfe zu leisten, öffnen wir unser Herz und erhöhen in hohem Maße unser Gefühl der Dankbarkeit.

Mitgefühl läßt sich mit ein wenig Übung erreichen. Zwei Dinge sind dazu nötig: Wille und Handeln. Wille bedeutet einfach, daß Sie bereit sind, Ihr Herz für Ihre Mitmenschen zu öffnen; Sie dehnen das, was wichtig ist, von sich auf andere Menschen aus. Und dann handeln Sie danach. Sie könnten einer wohltätigen Sache, die Ihnen am Herzen liegt, regelmäßig ein wenig Geld oder Zeit (oder beides) geben. Oder den Menschen, denen Sie auf der Straße begegnen, ein wunderschönes Lächeln und ein von Herzen kommendes »Hallo« schenken. Es ist nicht wichtig, *was* Sie tun, sondern nur, *daß* Sie etwas tun. Wie Mutter Teresa einmal sagte: »Wir können auf dieser Erde keine großen Dinge vollbringen. Wir können nur mit großer Liebe kleine Dinge tun.«

Mitgefühl fördert unsere Dankbarkeit, weil unsere Gedanken von all den Nichtigkeiten weggeleitet werden, denen die meisten von uns viel zuviel Bedeutung beimessen. Nehmen Sie sich öfter einmal Zeit, über das Wunder des Lebens nachzudenken – wie herrlich es ist, daß Sie zum Beispiel dieses Buch lesen können –, das Geschenk des Augenlichts, der Liebe und vieles mehr, und Ihnen wird klarwerden, daß das meiste, was Sie für so ungeheuer wichtig halten, in Wirklichkeit nur Kleinkram ist, den Sie aufbauschen, hochspielen.

6.

Vergessen Sie nicht: Wenn Sie sterben, wird Ihr »Korb mit Unerledigtem« nicht leer sein

Viele von uns leben so, als bestünde das heimliche Ziel darin, absolut alles zu erledigen. Wir gehen spät zu Bett, stehen früh auf, kommen nicht dazu, uns zu amüsieren, lassen uns liebe Menschen auf der Wartebank Platz nehmen. Ich habe viele Leute kennengelernt, die ihre Partner leider so lange warten ließen, bis diese schließlich das Interesse an der Beziehung verloren hatten. Ich selbst war einer von ihnen. Oft reden wir uns ein, unser verzweifeltes Bemühen, unsere Liste mit Aufgaben abzuarbeiten, werde schon bald ein Ende haben; wenn wir erst alles abgehakt hätten, würden wir ruhig, entspannt und zufrieden sein. Das ist jedoch kaum einmal der Fall. Je mehr Dinge erledigt werden, desto mehr neue Punkte kommen nämlich hinzu. Das Typische für einen Korb mit Unerledigtem ist ja gerade, daß er Unerledigtes enthält – er soll gar nicht leer sein. Es wird immer Telefonate geben, die geführt, Projekte, die fertiggestellt, und Arbeiten, die erledigt werden müssen. Ja, man könnte sogar vorbringen, ein voller Korb mit Eingängen sei eine Grundvoraussetzung für Erfolg. Er bedeutet: Ihre Zeit ist sehr gefragt.

Unabhängig davon, wer Sie sind oder was Sie tun, sollten Sie jedoch nie vergessen, daß *nichts* so wichtig ist wie Ihr innerer Frieden und Ihre Zufriedenheit und die der Ihnen nahestehenden Menschen. Wenn Sie nur davon besessen sind, alles zu erledigen, werden Sie nie ein Gefühl des Wohlbefindens erreichen! In Wirklichkeit kann fast alles warten. Nur sehr wenig in unserem Berufsleben fällt unter die Kategorie »Notfälle«. Wenn Sie sich auf Ihre Arbeit konzentrieren, wird auch alles zu gegebener Zeit fertig werden.

Ich habe festgestellt, daß es mir weitaus leichter fällt, meine Obsession mit dem Abarbeiten meiner Liste von Erledigungen in den Griff zu bekommen, wenn ich mir immer wieder vor Augen halte, daß der Zweck des Lebens *nicht* darin besteht, alles abzuhaken, sondern jeden Schritt zu genießen und ein von Liebe erfülltes Leben zu führen. Denken Sie daran: Wenn Sie sterben, wird einiges noch nicht erledigt sein. Und wissen Sie was? Ein anderer übernimmt das dann für Sie! Vergeuden Sie nicht kostbare Augenblicke Ihres Lebens damit, sich über das Unvermeidliche zu grämen.

7.

Hören Sie auf, andere zu unterbrechen oder ihre Sätze zu Ende zu führen

Erst vor wenigen Jahren fiel mir auf, wie oft ich andere unterbrach oder ihre Sätze beendete. Kurz darauf wurde mir auch bewußt, wie destruktiv diese Angewohnheit ist, nicht nur in bezug auf den Respekt und die Liebe, die mir von anderen entgegengebracht wurden, sondern auch wegen der ungeheuren Energie, die es kostet, gleichzeitig in zwei Köpfen zu sein. Überlegen Sie einmal: Wenn Sie jemanden hetzen, ihn unterbrechen, seinen Satz zu Ende führen, müssen Sie nicht nur bei Ihren eigenen Gedanken den Überblick behalten, sondern auch bei denen Ihres Gesprächspartners. Diese Angewohnheit (die übrigens besonders bei vielbeschäftigten Menschen sehr häufig anzutreffen ist) treibt beide Seiten dazu an, immer schneller zu reden und zu denken. Dies wiederum macht beide Gesprächspartner nervös, gereizt und ärgerlich. Es ist schlichtweg anstrengend. Es liegt hierin auch die Ursache für viele Streitereien und Auseinandersetzungen, weil niemand es leiden kann, wenn

man ihm nicht zuhört. Aber wie können Sie jemandem zuhören, wenn Sie für diese Person weitersprechen?
Wenn Ihnen erst auffällt, daß Sie andere Leute unterbrechen, werden Sie erkennen, daß diese heimtückische Marotte nichts weiter ist als eine schlechte Angewohnheit, derer Sie sich gar nicht bewußt sind. Das ist gut so, denn es bedeutet, daß Sie sich eigentlich nur rechtzeitig ertappen müssen, wenn das Temperament einmal wieder mit Ihnen durchgeht. Denken Sie daran (möglichst *vor* einer Unterhaltung), daß Sie geduldig sein wollen. Ermahnen Sie sich, den anderen ausreden zu lassen, ehe Sie loslegen. Sie werden merken, wieviel besser die Interaktionen zwischen Ihnen und Ihren Mitmenschen durch diese einfache Strategie werden. Die Personen, mit denen Sie reden, werden sich in Ihrer Gegenwart entspannen, wenn sie bemerken, daß man ihnen wirklich zuhört. Und Sie werden auch rasch merken, wieviel entspannter *Sie* sich doch fühlen, wenn Sie aufhören, anderen ins Wort zu fallen. Ihr Herzschlag und Puls werden sich verlangsamen, und Sie werden diese streßlosen Unterhaltungen richtiggehend genießen. Dies ist eine ganz einfache Methode, entspannter und liebevoller zu werden.

8.

Tun Sie jemandem etwas Gutes – und erzählen Sie niemandem davon

Viele von uns tun zwar öfters anderen etwas Gutes, aber mit schöner Regelmäßigkeit erwähnen wir unsere Akte der Nächstenliebe auch gegenüber Dritten, um so ein Lob einstreichen zu können.

Wenn wir unsere Freundlichkeit oder Großzügigkeit anderen mitteilen, haben wir das Gefühl, rücksichtsvoll und aufmerksam zu sein, es zeigt uns, wie nett wir doch sind und wie sehr *wir* wiederum die Zuwendung anderer verdienen.

Wenn auch alle Akte der Nächstenliebe an sich wundervoll sind, so wohnt doch denen ein besonderer Zauber inne, die wir ausführen, ohne jemals anderen davon zu erzählen. Man fühlt sich immer gut, wenn man jemandem etwas gibt. Indem Sie aber anderen von Ihrer Güte berichten, verteilen Sie die positiven Gefühle, während Sie, wenn Sie alles für sich behalten, diese positiven Gefühle mit niemandem teilen müssen.

Es stimmt wirklich, daß man um des Gebens willen geben sollte, und nicht, weil man eine Gegenleistung erwartet. Und genau das tun Sie, wenn Sie niemandem von Ihrem Akt der Nächstenliebe erzählen. Ihr Lohn sind die schönen Gefühle, die der Akt des Gebens in Ihnen entstehen läßt. Wenn Sie also wieder einmal jemandem etwas Gutes tun, dann behalten Sie es für sich und genießen Sie die ungeheure Freude des Gebens.

9.

Überlassen Sie anderen das Rampenlicht

Etwas Magisches vollzieht sich im menschlichen Geist, ein Gefühl der Ruhe breitet sich in Ihnen aus, wenn Sie aufhören, im Mittelpunkt stehen zu wollen, und statt dessen anderen das Rampenlicht überlassen.

Unser Bedürfnis nach übertriebener Aufmerksamkeit ist ein egozentrischer Anteil in uns, der da sagt: »Schaut mich an. Ich bin etwas Besonderes. Meine Geschichte ist interessanter als deine.« Diese Stimme in uns sagt dies zwar nicht laut heraus, möchte uns aber glauben machen, daß die eigenen Leistungen ein wenig wichtiger sind. Unser Ego will gesehen, gehört, respektiert, als etwas Besonderes betrachtet werden – oft auf Kosten eines anderen. Es ist dafür verantwortlich, daß wir andere in ihrer Geschichte unterbrechen oder ungeduldig darauf warten, endlich selbst sprechen zu dürfen, damit wir die Unterhaltung und Aufmerksamkeit wieder auf uns lenken können. In verschiedenem Ausmaß machen wir uns alle dieses

Verhaltens schuldig, sehr zu unserem Nachteil. Wenn Sie sofort loslegen und eine Unterhaltung wieder an sich reißen, schmälern Sie auf subtile Weise die Freude der Person, die gerade etwas erzählt hat, und schaffen dadurch eine Distanz zwischen sich und den anderen. Davon hat keiner etwas.

Wenn Ihnen also wieder einmal jemand eine Geschichte erzählt oder davon berichtet, was er vollbracht hat, dann machen Sie sich Ihre Neigung bewußt, als Antwort etwas von sich selbst zu erzählen.

Obwohl diese Angewohnheit nur schwer abzulegen ist, bringt es nicht nur Freude, sondern auch Frieden, das ruhige Selbstvertrauen zu besitzen, sein Bedürfnis nach Aufmerksamkeit zu unterdrücken und statt dessen an dem Vergnügen eines anderen teilzuhaben, der gerade im Rampenlicht steht. Anstatt im Gegenzug sofort zu sagen: »Ich hab mal genau das gleiche gemacht« oder: »Rate mal, wie das heute bei mir war«, beißen Sie sich auf die Zunge und warten ab, was passiert. Sagen Sie nur: »Das ist ja wunderbar« oder: »Erzähl mir noch ein bißchen mehr«, und belassen Sie es dabei. Ihr Gesprächspartner wird so viel mehr Spaß haben, weil Sie soviel präsenter sind, aufmerksamer zuhören, wodurch er nicht das Gefühl hat, in einem Wettstreit mit Ihnen zu stehen. Dadurch wird der Betreffende sich in Ihrer Gesellschaft wohler fühlen, was ihn wiederum selbstsicherer und auch interessanter macht. Und auch Sie werden sich entspannter fühlen, weil Sie nicht ungeduldig auf

der Stuhlkante herumrutschen und nur darauf warten, endlich von sich erzählen zu können.
Natürlich kommt es häufig vor und ist auch völlig angemessen, Erfahrungen auszutauschen und einen Teil des Ruhms und der Aufmerksamkeit einzustreichen, anstatt nur der Gebende zu sein. Ich spreche hier ausschließlich von dem zwanghaften Bedürfnis, unbedingt im Mittelpunkt stehen zu wollen. Geben Sie dieses Verhalten auf, wird die Aufmerksamkeit, die Sie früher von anderen Menschen brauchten, erstaunlicherweise durch ein ruhiges, inneres Selbstvertrauen ersetzt, das darauf beruht, daß Sie anderen diesen Platz überlassen.

10.

Lernen Sie, im Hier und Jetzt zu leben

Unser Seelenfriede wird in hohem Maße davon bestimmt, wie gut wir im Hier und Jetzt zu leben gelernt haben. Ungeachtet dessen, was gestern oder vor einem Jahr passiert ist oder was morgen vielleicht geschehen könnte – Sie leben immer im Hier und Jetzt!

Viele von uns sind zweifelsohne wahre Meister, sich neurotische Sorgen um alles mögliche zu machen. Wir lassen unsere Gegenwart gleichzeitig von Problemen der Vergangenheit wie auch von Sorgen um die Zukunft beherrschen und werden dabei verängstigt, frustriert, deprimiert und hoffnungslos. Auf der anderen Seite verschieben wir unsere Belohnungen, unsere Prioritäten und unser Glück in der Überzeugung, daß ein späterer Zeitpunkt besser passen wird als heute. Leider wiederholen sich dieselben mentalen Vorgänge, die uns immer auf die Zukunft verweisen, aber nur, so daß dieses »später« nie eintreffen wird. John Lennon hat einmal gesagt: »Das Leben geht an uns vorbei, während wir damit beschäftigt sind, andere Pläne zu machen.« Während wir also anderweitig zu tun haben, werden unsere Kinder erwachsen, ziehen Menschen, die wir lieben, weg oder sterben, verliert unser Körper seine jugendliche Straffheit und schwinden unsere Träume dahin. Kurz, das Leben geht an uns vorbei.

Viele Menschen leben, als wäre ihr Dasein eine Generalprobe für etwas in der Zukunft. Das stimmt aber nicht. Es kann sich nämlich niemand sicher sein, morgen überhaupt noch hier zu sein. Wir haben nur das Jetzt, die einzige Zeit, über die wir eine Kontrolle haben. Wenn unsere Aufmerksamkeit auf das Hier und Jetzt gerichtet ist, vertreiben wir die Angst aus unseren Gedanken. Angst ist nämlich die Sorge um Ereignisse, die sich in der Zukunft zutragen könnten: daß wir nicht genug Geld haben, daß unsere Kinder in Schwierigkeiten geraten, daß wir alt werden und sterben und so weiter und so fort.

Derartige Ängste besiegt man am besten, indem man das Augenmerk auf die Gegenwart richtet. Mark Twain hat einmal gesagt: »Ich habe schlimme Sachen durchgemacht, von denen einige auch tatsächlich eingetreten sind.« Ich glaube, ich könnte das nicht besser ausdrücken. Üben Sie, Ihr Augenmerk auf das Hier und Jetzt zu richten. Ihre Bemühungen werden sich vielfach auszahlen.

11.

Stellen Sie sich vor, jeder ausser Ihnen wäre erleuchtet

Diese Strategie gibt Ihnen die Chance, etwas zu üben, was Ihnen wahrscheinlich völlig undurchführbar erscheint. Doch wenn Sie einmal einen Versuch unternehmen, werden Sie feststellen, daß es sich um eine der hilfreichsten Übungen für die persönliche Weiterentwicklung schlechthin handelt.

Wie die Überschrift dieses Kapitels schon sagt, sollen Sie sich vorstellen, daß jeder, den Sie kennen und dem Sie begegnen, vollkommen erleuchtet ist. Das heißt: jeder außer Ihnen! Die Menschen, mit denen Sie zusammentreffen, können Ihnen also alle etwas beibringen. Der aufdringliche Autofahrer oder der respektlose Jugendliche wollen Sie vielleicht Geduld lehren, der Punker, weniger intolerant gegenüber anderen Menschen zu sein.

Ihre Aufgabe besteht nun darin herauszufinden, welche Ihrer Mitmenschen Sie etwas lehren wollen. Dann werden Sie feststellen, daß die Handlungen und Schwächen anderer Sie weitaus weniger ärgern, aufregen oder frustrieren. Gewöhnen Sie es sich einfach an, das Leben in dieser Weise anzugehen, und Sie werden froh darüber sein. Wenn Sie erst erkannt haben, was Ihnen ein anderer beizubringen versucht, können Sie Ihre Frustrationen überwinden.

Nehmen wir zum Beispiel an, Sie sind auf der Post und der Postangestellte arbeitet im Schneckentempo. Statt frustriert zuzuschauen, könnten Sie sich fragen: »Was versucht er mir beizubringen?« Vielleicht müssen Sie einfach mehr Mitgefühl entwickeln – dafür, wie schlimm es sein muß, in einem ungeliebten Beruf zu arbeiten. Oder Sie könnten lernen, ein wenig geduldiger zu werden. In einer Schlange zu warten, ist eine wunderbare Gelegenheit, sich abzugewöhnen, immer gleich die Geduld zu verlieren.

Sie werden überrascht sein, wieviel Spaß das macht und wie leicht es geht. Im Grunde ändert sich nur Ihre Einstellung, von »Warum muß er das tun?« zu »Was soll ich daraus lernen?« Schauen Sie sich heute einmal nach all den erleuchteten Menschen um.

12.

Lassen Sie andere möglichst oft recht haben

Eine der wichtigsten Fragen, die Sie sich stellen sollten, lautet: »Möchte ich recht haben, oder möchte ich glücklich sein?« Sehr häufig schließen sich diese beiden Möglichkeiten nämlich aus! Auf unserer Haltung zu beharren, erfordert enorme geistige Energien und entfremdet uns oft von den anderen Menschen in unserem Leben. Das Bedürfnis, im Recht sein zu wollen – beziehungsweise das Bedürfnis, andere ins Unrecht zu setzen –, drängt diese in die Defensive und zwingt uns, uns weiter zu verteidigen. Dennoch investieren viele von uns (mich eingeschlossen) viel Zeit und Energie zu beweisen (oder deutlich zu machen), daß sie recht haben – oder die anderen falsch liegen. Sie halten es bewußt oder unbewußt für ihre Aufgabe, anderen zu zeigen, daß ihre Haltung, ihre Behauptungen und Ansichten nicht richtig sind, und glauben, der Betreffende werde das zu schätzen wissen oder zumindest etwas daraus lernen. Von wegen!

Denken Sie einmal nach. Sind Sie schon einmal verbessert worden und haben daraufhin zu diesem Menschen gesagt: »Ich bin Ihnen ja so dankbar, daß Sie mir gezeigt haben, daß ich im Irrtum bin. Jetzt ist es mir klar. Mensch, sind Sie aber toll!« Oder hat jemand, den Sie kennen, Ihnen schon jemals gedankt (oder wenigstens Ihre Meinung geteilt), wenn Sie ihn korrigiert oder ihm demonstriert haben, daß Sie im Recht waren? Natürlich nicht. Wir hassen es nämlich alle, verbessert zu werden, und möchten, daß unsere Haltung von anderen respektiert und verstanden wird. Nichts wünschen wir uns mehr, als ein offenes Ohr zu finden. Nur diejenigen, die wissen, wie man zuhört, werden geliebt und respektiert. Wer andere ständig verbessert, hat nur wenige Freunde.

Es ist natürlich nicht so, daß man *nie* auf seiner Position beharren sollte: manchmal ist das wirklich nötig. Vielleicht gibt es bestimmte philosophische Standpunkte, von denen Sie nicht abweichen möchten – wenn Sie zum Beispiel eine rassistische Bemerkung hören. Hier ist es wichtig, seine Meinung offen zu sagen. Normalerweise ist es jedoch nur Ihr Ego, das sich in den Vordergrund spielt – die Angewohnheit, immer und überall recht haben zu wollen – und eine ansonsten nette Zusammenkunft stört.

Eine wunderbare, von Herzen kommende Methode, friedlicher und liebevoller im Umgang zu werden, besteht darin, den anderen die Freude am Rechthaben zuzugestehen – sie leuchten zu lassen. Schluß mit dem Verbessern. Es mag schwerfallen, diese Angewohnheit abzulegen, aber die Mühe und Anstrengung lohnen sich. Unterbrechen Sie jemanden, der sagt: »Ich halte es für sehr wichtig, daß ...« nicht mit: »Nein, es ist weitaus wichtiger ...« oder mit einer anderen der zahllosen Möglichkeiten, jemandem zu widersprechen. Lassen Sie die Aussage so stehen, wie sie gesagt wurde. Die Menschen in Ihrem Leben werden sich weniger in die Defensive gedrängt fühlen und mehr Liebe zeigen. Sie werden Sie, selbst wenn sie nicht wissen, warum, mehr schätzen, als Sie es sich jemals hätten träumen lassen. Nichts geht über die Freude anderer Menschen, an der man Anteil hat – schon gar nicht eine Schlacht der Egos. Sie brauchen keineswegs Ihre tiefsten philosophischen Überzeugungen oder Meinungen zu opfern, aber lassen Sie von heute an andere Menschen, *so oft wie möglich* recht haben!

13.

Werden Sie geduldiger

Geduld ist eine Eigenschaft, die Sie Ihrem Ziel, ein friedlicher und liebevoller Mensch zu werden, einen großen Schritt näherbringt. Je geduldiger Sie sind, desto mehr geben Sie sich mit den Gegebenheiten zufrieden, anstatt zu erwarten, daß das Leben haargenau Ihren Wünschen entspricht. Ohne Geduld ist das Leben äußerst frustrierend. Man ärgert sich schnell, wird gereizt. Mit Geduld tritt Zufriedenheit in Ihr Dasein; sie ist unerläßlich für Ihren inneren Frieden.

Geduld heißt, sein Herz dem gegenwärtigen Augenblick zu öffnen, auch wenn er einem nicht gefällt. Wenn Sie in einem Stau stecken, einen Termin nicht pünktlich einhalten können, reagieren Sie offen auf die Situation, indem Sie rechtzeitig, ehe Ihre Gedanken noch mit Ihnen davonlaufen, Ihre gedankliche Kettenreaktion unterbrechen und sich sanft ermahnen zu entspannen. Die Gelegenheit könnte günstig sein, tief durchzuatmen und sich bewußtzumachen, daß Zuspät-

kommen im großen Weltenlauf doch nur eine Nebensächlichkeit ist.
Geduld heißt auch, die Unschuld in anderen zu erkennen. Meine Frau Kris und ich haben zwei kleine Kinder von vier und sieben Jahren. Beim Schreiben dieses Buches platzte unsere vierjährige Tochter oft in mein Arbeitszimmer und unterbrach mich, was einen Autor völlig aus dem Konzept bringen kann. Ich habe halbwegs gelernt, das Unschuldige in ihrem Verhalten zu sehen, anstatt nur an die möglichen Folgen zu denken (»Ich werde mit meiner Arbeit nicht fertig, ich verliere den Faden, das war heute die einzige Gelegenheit zum Schreiben« – und so weiter). Ich halte mir vor Augen, *warum* sie hereingekommen ist: weil sie mich liebt, nicht, weil sie darauf aus ist, mich bei der Arbeit zu stören. Wenn ich daran denke, ihre Unschuld zu sehen, bin ich sofort von einem Gefühl der Geduld erfüllt, und meine Aufmerksamkeit richtet sich wieder auf den Augenblick. Jegliche Gereiztheit, die in mir aufzusteigen droht, verschwindet, und mir wird bewußt, wie glücklich ich mich schätzen kann, solch wunderbare Kinder zu haben. Ich habe festgestellt, daß man, wenn man nur tief genug blickt, bei anderen Menschen auch in potentiell frustrierenden Situationen fast immer die Unschuld entdecken kann. Wenn Ihnen das gelingt, werden Sie geduldiger und friedvoller. Auf merkwürdige Weise genießen Sie auf einmal viele der Augenblicke, in denen Sie früher frustriert waren.

14.

Legen Sie eine Pause ein, um sich in Geduld zu üben

Geduld ist eine Eigenschaft des Herzens, die durch gezieltes Üben deutlich entwickelt werden kann. Ich habe an mir selbst gemerkt, daß es hilft, richtiggehende Übungen in Sachen Geduld durchzuführen – Minuten, Stunden, in denen ich mich geistig in der Kunst der Geduld übe. Das Leben wird dann zum Klassenzimmer, und Thema des Lehrplans ist die Geduld.

Sie können zunächst mit fünf Minuten beginnen und Ihre Fähigkeit zur Geduld dann langsam steigern. Fangen Sie an, indem Sie zu sich sagen: »Also gut, in den nächsten fünf Minuten werde ich mich durch nichts stören lassen. Ich will geduldig sein.« Sie werden zu Ihrer Verblüffung feststellen, daß allein schon Ihre Absicht, geduldig zu sein – vor allem, wenn es sich um einen kurzen Zeitraum handelt –, sofort Ihre Fähigkeit zur Geduld vergrößert. Geduld hat die besondere Eigenschaft, daß der Erfolg sich selbst nährt. Sobald Sie kleine Teilerfolge – fünf Minuten erfolgreicher Geduld – erzielt haben, merken Sie schon, daß Sie tatsächlich über die Fähigkeit, geduldig zu sein, verfügen, auch über einen längeren Zeitraum hinweg. Allmählich können auch Sie ein geduldiger Mensch werden.

Da ich kleine Kinder habe, ergeben sich viele Gelegenheiten, mich in der Kunst der Geduld zu üben. An einem Tag, wenn beide Mädchen mich mit Fragen löchern, ich aber eigentlich wichtige Anrufe zu erledigen habe, sage ich mir dann: »Das ist jetzt eine wunderbare Gelegenheit, meine Geduld unter Beweis zu stellen. In der nächsten halben Stunde will ich so geduldig wie möglich sein.« (Sie merken, ich habe hart an mir gearbeitet und schaffe inzwischen schon dreißig Minuten.) Aber im Ernst, die Methode funktioniert wirklich – und zwar in unserer ganzen Familie. Wenn ich die Ruhe bewahre, also nicht zulasse, daß ich ärgerlich werde, kann ich auf das Verhalten meiner Kinder ruhig und doch bestimmt und somit weitaus effektiver einwirken, als wenn ich in die Luft gehe. Indem ich mich darauf konzentriere, geduldig zu sein, bleibe ich im gegenwärtigen Augenblick und denke nicht gereizt an all die früheren Anlässe, bei denen sich Ähnliches abgespielt hat, und zergehe dann in Selbstmitleid. Außerdem sind meine geduldigen Gefühle oft ansteckend – sie übertragen sich auf die Kinder, die dann von selbst zu dem Schluß kommen, daß es keinen Spaß macht, Dad zu stören.

Durch meine Geduld ist es nicht nötig, etwas überzubewerten. Mir wird vor Augen geführt, daß die vor mir liegende Aufgabe auch in einer schwierigen Situation keine Sache auf Leben oder Tod ist, sondern lediglich ein kleineres Hindernis, das es zu bewältigen gilt. Ohne Geduld würde aus derselben Situation eine Riesenkatastrophe, mit Geschrei, Frustration, verletzten Gefühlen und Bluthochdruck, was der Anlaß doch eigentlich gar nicht wert ist. Ob Sie nun mit Ihren Kindern, Ihrem Chef bzw. Chefin oder anderen schwierigen Menschen und Situationen zu tun haben – wenn Sie sich nicht verrückt machen lassen wollen, ist das Entwickeln von Geduld ein wichtiger Schritt.

15.

Strecken Sie als erster die Hand zur Versöhnung aus

Wie oft sind wir nachtragend, denken voller Groll an einen Streit, ein Mißverständnis, die Art, wie wir erzogen wurden, oder ein anderes schmerzliches Ereignis. Dickköpfig warten wir darauf, daß ein anderer uns die Hand reicht, und glauben, dies sei der *einzige* Weg, zu vergeben oder eine Freundschaft oder familiäre Beziehung wieder ins Lot zu bringen.

Eine Bekannte von mir, der es gesundheitlich nicht besonders gutgeht, erzählte mir kürzlich, daß sie seit fast drei Jahren nicht mehr mit ihrem Sohn gesprochen habe. »Warum nicht?« wollte ich wissen. Sie sagte, daß sie und ihr Sohn sich wegen seiner Frau zerstritten hätten und sie darauf warte, daß er das Schweigen breche. Als ich vorschlug, sie solle doch den ersten Schritt tun, sträubte sie sich zunächst mit den Worten: »Das kann ich nicht. Er ist derjenige, der sich zu entschuldigen hat.« Sie war wahrhaftig bereit zu sterben, ohne ihrem einzigen Sohn die Hand der Versöhnung entgegenzustrecken. Nach einigem sanften Drängen beschloß sie jedoch, als erste das Schweigen zu brechen. Zu ihrem größten Erstaunen zeigte sich ihr Sohn überaus dankbar und bat sie von sich aus um Entschuldigung. Wie so oft, wenn jemand sich überwindet und den ersten Schritt tut, gewinnt jeder dabei.

Wenn wir Groll in uns hineinfressen, machen wir in unseren Gedanken aus Nichtigkeiten die reinste Haupt- und Staatsaktion. Wir beginnen zu glauben, daß unser Glück weniger bedeutend ist als das Beharren auf unserer Haltung. Das Gegenteil trifft jedoch zu. Wenn Sie in Frieden mit sich leben wollen, müssen Sie zu der Erkenntnis kommen, daß glücklich zu sein fast immer wichtiger ist, als recht zu haben. Für sein Glück muß man seine verhärtete Position aufgeben und die Hand zur Versöhnung reichen.

Lassen Sie anderen Menschen ihr Recht. Das bedeutet nicht, daß Sie unrecht haben. Alles wird sich regeln. Sie werden inneren Frieden finden, wenn Sie nicht auf etwas beharren, sondern Freude daran haben, anderen recht zu geben. Sie werden bald merken, daß die anderen sich entspannen und liebevoller mit Ihnen umgehen. Vielleicht gehen sie sogar von sich aus auf Sie zu. Wenn nicht, ist das aber auch nicht weiter schlimm. Ihnen bleibt die Befriedigung zu wissen, daß Sie Ihren Beitrag geleistet haben, eine liebevollere Welt zu schaffen. Ihren inneren Frieden finden Sie auf jeden Fall.

16.

Stellen Sie sich die Frage: Wie wichtig wird dies in einem Jahr noch für mich sein?

Fast jeden Tag mache ich mit mir selbst ein Spiel, das ich »Zeitverschiebung« getauft habe. Ich habe es als Reaktion auf meinen hartnäckigen Irrglauben erfunden, daß das, worüber ich mich gerade aufrege, von äußerster Wichtigkeit sei.

Bei diesem Spiel müssen Sie sich nur vorstellen, daß das, womit Sie gerade zu tun haben, nicht jetzt stattfindet, sondern erst in einem Jahr. Fragen Sie sich dann: »Ist diese Situation wirklich so wichtig, wie sie mir momentan vorkommt?« In einigen seltenen Fällen wird das zutreffen, in den allermeisten aber *nicht*.

Ob es sich nun um einen Streit mit Ihrem Ehepartner, Ihrem Kind oder Chef handelt, um einen Fehler, eine verpaßte Chance, ein verlorenes Portemonnaie, einen beruflichen Dämpfer oder einen verstauchten Knöchel – all das hat höchstwahrscheinlich in einem Jahr keine Bedeutung mehr für Sie, ist nur noch ein unwichtiger Schnörkel in Ihrem Leben. Dieses einfache Spiel vermag sicher nicht all Ihre Probleme zu lösen, einiges zurechtrücken kann es aber sehr wohl. Inzwischen lache ich über Dinge, die ich früher viel zu ernst genommen habe. Ich verschwende meine Energien nicht mehr damit, mich zu ärgern oder mich überfordert zu fühlen, sondern verbringe viel Zeit mit meiner Frau und den Kindern und bin schöpferisch tätig.

17.

Machen Sie sich klar: Das Leben ist nicht fair

Eine Freundin von mir sagte zum Abschluß einer Unterhaltung, in der wir über die Ungerechtigkeit des Lebens sprachen, einmal: »Wer hat denn behauptet, daß es im Leben fair zugehen würde beziehungsweise sollte?« Das war eine gute Frage. Sie erinnerte mich an etwas, das mir schon als Kind beigebracht wurde: Das Leben ist ungerecht. Das ist traurig, aber wahr. Erstaunlicherweise kann diese ernüchternde Einsicht aber oft sehr befreiend wirken. Einer der Fehler, den viele von uns machen, liegt im Selbstmitleid oder Mitleid mit anderen begründet, weil wir davon ausgehen, daß es im Leben gerecht zugehen *sollte*. So ist es aber nicht und wird es auch nie sein. Wenn wir diesen Fehler begehen, verbringen wir viel Zeit damit, uns in Selbstmitleid zu baden und lauthals zu beklagen, was im Leben alles im argen liegt. Wir fühlen mit anderen und besprechen die Ungerechtigkeiten des Lebens. »Das ist nicht fair«, stöhnen wir – und merken nicht, daß es vielleicht nie anders hatte sein sollen.

Eine *gute* Seite hat die Einsicht, daß es im Leben nicht gerecht zugeht allemal: Sie hält uns davon ab, in Selbstmitleid zu versinken, und ermutigt uns, das Beste aus dem zu machen, was wir haben. Wir wissen dann, daß es nicht Aufgabe des Leben ist, alles perfekt zu machen, sondern unsere eigene. Diese Einsicht erspart es uns auch, Mitleid mit anderen zu empfinden, denn jeder hat sein Scherflein zu tragen und wurde zur Bewältigung seiner Aufgaben mit individuellen Stärken ausgestattet. Diese Erkenntnis hat mir bei der Erziehung meiner zwei Kinder geholfen, bei schwierigen Entscheidungen sowie bei meinen eigenen inneren Kämpfen, wenn ich das Gefühl hatte, übervorteilt oder ungerecht behandelt worden zu sein. Sie bringt mich fast immer in die Realität, auf den Boden der Tatsachen zurück.
Dennoch bedeutet diese Tatsache, daß das Leben ungerecht ist, nicht, daß wir nicht alles in unserer Macht Stehende tun sollten, um unser Dasein oder die Welt als solche zu verbessern. Ganz im Gegenteil. Wenn wir übersehen oder nicht zugeben wollen, daß das Leben nicht fair ist, empfinden wir Mitleid mit anderen und mit uns selbst. Mitleid oder Selbstmitleid ist jedoch ein sinnloses Gefühl, das nur dazu führt, daß es uns noch schlechter geht, als dies eh schon der Fall ist. Wenn wir jedoch erkannt haben, daß das Leben ungerecht ist, dann *fühlen* wir mit anderen und uns selbst. Und Mitgefühl kommt von Herzen und vermittelt jedem, dem wir es entgegenbringen, menschliche

Wärme. Wenn Sie also das nächste Mal über die Ungerechtigkeit der Welt nachdenken, versuchen Sie, sich an diese Grundtatsache zu erinnern. Sie werden überrascht feststellen, daß Sie nicht mehr in passivem Selbstmitleid versinken, sondern aktiv tätig werden.

18.

Gönnen Sie sich etwas Langeweile

Bei vielen von uns ist das Leben so angefüllt mit Reizen – ganz zu schweigen von Pflichten –, daß es fast unmöglich scheint, auch nur ein paar Minuten stillzusitzen und nichts zu tun, zu entspannen. Ein Freund hat einmal zu mir gesagt: »Wir sind keine Lebewesen mehr. Man sollte uns Tuwesen nennen.«
Ich kam mit der Idee, daß gelegentliche Langeweile sogar ganz gut für mich sein könnte, zum ersten Mal in Berührung, als ich bei einem Therapeuten in La Conner im Staat Washington eine Ausbildung machte. Am Ende unseres ersten Tages fragte ich ihn: »Was kann man hier denn abends so unternehmen?« Seine Antwort lautete: »Ich möchte, daß Sie sich langweilen. Tun Sie nichts. Das ist ein Teil Ihrer Ausbildung.« Zunächst dachte ich, er machte Witze! »Warum um alles in der Welt sollte ich mich denn freiwillig langweilen?« fragte ich. Er erklärte, wenn man sich für eine Stunde – oder auch weniger – der Langeweile hingebe, trete ein Gefühl voll innerer Ruhe

ein. Und mit ein bißchen Übung lerne man dann, sich zu entspannen.

Zu meiner großen Überraschung sollte er recht behalten. Zuerst fand ich das Nichtstun unerträglich. Ich war daran gewöhnt, mich ständig mit etwas zu beschäftigen, so daß es mir schwerfiel, mich zu entspannen. Doch nach einer Weile gewöhnte ich mich daran und inzwischen genieße ich derartige Pausen richtig. Ich rede hier nicht von stundenlangem Müßiggang, sondern von der Kunst der Entspannung, von ein paar Minuten Abschalten pro Tag. Es gibt keine besondere Technik dafür, außer eben ganz bewußt nichts zu tun. Wir sitzen einfach still, schauen aus einem Fenster und nehmen unsere Gedanken und Gefühle wahr. Zunächst gelingt Ihnen das vielleicht nicht, aber es wird mit jedem Tag etwas leichter. Und es wird Ihnen ungeheuer guttun.

Viele unserer Ängste und inneren Kämpfe rühren daher, daß unsere unruhigen, überaktiven Gedanken ständig etwas brauchen, worauf sie sich richten können; dauernd heißt es: »Und was kommt als nächstes?« Wenn wir essen, fragen wir uns, was es zum Nachtisch gibt. Während wir dann beim Nachtisch sind, überlegen wir, was wir anschließend alles tun könnten. Abends fragen wir: »Was könnten wir dieses Wochenende machen?« Wenn wir weg waren und nach Hause zurückkehren, schalten wir sofort den Fernseher ein, greifen zum Telefonhörer, schlagen ein Buch auf oder fangen an zu putzen. Es ist fast, als hätten wir Angst davor, nichts zu tun zu haben, und sei es nur für eine Minute.

Das Schöne am Nichtstun ist, daß man lernt, den Kopf frei zu haben und sich zu entspannen. Es erlaubt unseren Gedanken, für eine kleine Weile »nichts zu wissen«. Ihr Kopf braucht nämlich, genau wie Ihr Körper, eine gelegentliche Pause zum Abschalten von der Alltagshektik. Wenn Sie Ihrem Verstand Ruhe gönnen, schöpft er neue Kraft, gewinnt an Schärfe, wird konzentrierter und kreativer.

Gönnen Sie sich etwas Langeweile, wird der Druck von Ihnen genommen, jede einzelne Sekunde des Tages etwas tun zu müssen. Wenn jetzt eines meiner Kinder zu mir sagt: »Daddy, mir ist langweilig«, antworte ich: »Wunderbar, langweile dich nur ein bißchen. Das tut dir gut.« Habe ich das gesagt, erwartet niemand mehr von mir, daß ich sein Problem löse.

Wahrscheinlich hätten Sie nie gedacht, daß Ihnen je jemand vorschlagen könnte, sich doch einmal in Langeweile zu ergehen. Nun, es gibt für alles ein erstes Mal!

19.

Senken Sie Ihre Belastbarkeit

In unserer heutigen Gesellschaft nehmen wir die genau gegenteilige Position ein, die dieses Kapitel postuliert. Wir schauen zu Menschen auf, die unter großem Streß stehen, die sehr belastbar sind und großem Druck standhalten können. Wenn jemand sagt: »Ich arbeite sehr hart« oder: »Ich stehe unter ganz schönem Streß«, dann wurde uns beigebracht, ihn nicht nur zu bewundern, sondern ihm gar nachzueifern. Bei meiner Arbeit als Streßberater höre ich fast jeden Tag die stolzen Worte: »Ich bin sehr belastbar.« Es überrascht nicht, daß diese gestreßten Menschen, wenn sie in meine Praxis kommen, oft auf Strategien hoffen, mit denen sie ihre Belastbarkeit noch *erhöhen* können, um sich dann noch mehr an Arbeit aufzuladen.

Zum Glück gibt es jedoch ein unumstößliches Gesetz in unserem emotionalen Umfeld, das etwa so lautet: Unser gegenwärtiger Streßlevel entspricht haargenau unserer Belastbarkeit. Sicher ist Ihnen auch schon aufgefallen, daß diejenigen, die sagen:

»Ich werde mit einer ganzen Menge Streß fertig«, auch immer unter großem Streß stehen. Genau das passiert also, wenn Menschen beigebracht wird, wie sie ihre Belastbarkeit steigern können. Sie laden sich immer mehr Verwirrung und Verantwortung auf, bis ihr äußerlicher Streßlevel wieder dem ihrer Belastbarkeit entspricht. Gewöhnlich werden sich Gestreßte erst durch ein unangenehmes Ereignis ihres Wahnsinns bewußt: ihr Ehepartner verläßt sie, sie werden krank, eine schwere Sucht zerstört ihr Leben; es passiert etwas, das sie wachrüttelt und sie nach einer neuen Art von Strategie suchen läßt.

Es mag merkwürdig klingen, aber wenn Sie an einem gängigen Streßbewältigungsworkshop teilnehmen, lernen sie dort wahrscheinlich, Ihre Belastbarkeit zu *erhöhen.* Man bekommt den Eindruck, als würden sogar Streßberater nichts anderes als Streß kennen.

Was Sie lernen müssen, ist jedoch, frühzeitig zu bemerken, daß Sie unter Streß stehen, um ihn rechtzeitig zu stoppen. Wenn Ihnen auffällt, daß Ihr Verstand zu rotieren beginnt, sollten Sie innehalten und zur Ruhe kommen. Wenn ein Termin den anderen jagt, ist es an der Zeit, langsamer zu treten und zu überdenken, was wirklich wichtig ist, statt jeden Tagesordnungspunkt auf Ihrer Liste durchzuziehen. Wenn Sie sich überfordert fühlen und ärgern, weil noch soviel zu erledigen ist, ist es sinnvoller, sich zu entspannen, ein paarmal tief durchzuatmen und einen kurzen Spaziergang zu machen, anstatt die

Ärmel hochzukrempeln und sich in die Arbeit zu stürzen. Sie werden merken, daß Ihr Streß wie der sprichwörtliche Schneeball ist, der einen Hang hinunterrollt und so zur Lawine wird. Wenn er klein ist, ist er noch leicht unter Kontrolle zu halten. Sobald er jedoch in Schwung gekommen ist, wird es schwer, wenn nicht gar unmöglich, ihn aufzuhalten.

Es besteht kein Grund zur Sorge, wenn man vielleicht nicht alles schafft. Sobald Ihre Gedanken zur Ruhe gekommen sind und Ihr Streßlevel gesenkt ist, werden Sie um so mehr zustande bringen und auch noch Spaß dabei haben. Je mehr Sie also Ihre Belastbarkeit senken, mit desto weniger Streß werden Sie konfrontiert und desto kreativer können Sie mit dem noch bestehenden Streß umgehen.

20.

Schreiben Sie jede Woche einen Brief, der von Herzen kommt

Diese Übung hat schon das Leben vieler Menschen verändert, hat ihnen geholfen, ausgeglichener und liebevoller zu werden. Jede Woche ein paar Minuten darauf zu verwenden, jemandem einen warmherzigen Brief zu schreiben, kann Ihnen viel Gutes geben. Einen Stift zur Hand zu nehmen oder sich an eine Schreibmaschine, einen Computer zu setzen, läßt Sie lange genug zur Ruhe kommen, um sich der wunderbaren Menschen in Ihrem Leben zu erinnern. Das Verfassen eines Briefes hilft Ihnen, Ihr Leben mit Dankbarkeit zu erfüllen.

Wenn Sie diese Übung versuchen, werden Sie erstaunt feststellen, wie viele Menschen plötzlich auf Ihrer Liste stehen. Eine Klientin von mir sagte einmal: »So viele Wochen lebe ich wahrscheinlich gar nicht mehr, um allen schreiben zu können.« Ganz so extrem ist es natürlich nicht immer, aber vermutlich gibt es auch in Ihrem Leben eine Reihe von Menschen, die durchaus einen freundlichen, warmherzigen Brief wert sind.

Fällt Ihnen spontan niemand ein, dann sollten Sie einfach jemandem schreiben, der Ihnen etwas bedeutet, selbst wenn Sie ihn nicht persönlich kennen – zum Beispiel einer Schriftstellerin, deren Werk Sie bewundern, auch wenn sie nicht mehr am Leben ist. Oder einem großen Erfinder oder Denker. Das Briefeschreiben dient größtenteils dazu, Ihr Denken auf Dankbarkeit auszurichten. Und genau das geschieht, selbst wenn Sie den Brief nie abschicken.

Der Zweck Ihres Briefes ist sehr einfach: Ihrer Liebe und Dankbarkeit Ausdruck zu verleihen. Aber keine Sorge, falls das Briefeschreiben Ihnen nicht liegt. Dies ist kein vom Kopf gesteuerter Wettbewerb, sondern ein von Herzen kommendes Geschenk.

Beginnen Sie, falls Ihnen nicht viel einfällt, mit einigen schlichten Worten, zum Beispiel: Liebe Jasmin. Als ich heute morgen aufwachte, mußte ich daran denken, wie gut ich es doch habe, einen Menschen wie dich um mich zu haben. Ich danke dir herzlich dafür, daß du meine Freundin bist. Ich könnte keine bessere haben und wünsche dir viel Freude und Glück im Leben. In Liebe, Richard.

Es führt Ihnen das Verfassen eines solchen Briefes nicht nur vor Augen, was in Ihrem Leben gut und wertvoll ist, sondern es wird der Empfänger höchstwahrscheinlich auch ganz gerührt und dankbar sein. Oft setzt so eine einfache Handlung eine Spirale liebevoller Aktionen in Gang, veranlaßt die Person, die Ihren

Brief erhält, vielleicht, sich zu revanchieren oder sich anderen gegenüber einfühlsamer zu verhalten. Schreiben Sie noch diese Woche Ihren ersten Brief. Ich bin mir sicher, er wird Ihnen Glück und Freude bringen.

21.

Stellen Sie sich Ihr eigenes Begräbnis vor

Manche Menschen ängstigt diese Übung ein bißchen, aber sie führt uns dennoch deutlich vor Augen, was für uns wirklich wichtig ist.

Wie viele von uns werden, wenn sie auf ihr Leben zurückblicken, mit Zufriedenheit an ihre Streßsituationen denken? Fast alle Menschen, die auf dem Sterbebett ihr Leben Revue passieren lassen, wünschten, sie hätten so manches anders gemacht – sie hätten sich weniger von Kleinigkeiten verrückt machen lassen. Sie bedauern, so viel Zeit damit vergeudet zu haben, sich über alles mögliche Sorgen zu machen, was bei näherer Betrachtung gar nicht so wichtig war, und sie wünschen sich, sie hätten statt dessen mehr Zeit auf Menschen und Aktivitäten verwendet, die ihnen wirklich am Herzen lagen. Sich das eigene Begräbnis vorzustellen, ermöglicht es Ihnen, zu einem Zeitpunkt auf Ihr Leben zurückzublicken, wenn Sie noch die Chance haben, etwas zu verändern.

Es mag beängstigend oder schmerzlich sein, aber es ist dennoch eine gute Sache, über den eigenen Tod und somit gleichzeitig über das eigene Leben nachzudenken. Sie werden so wieder daran erinnert, was für eine Art von Mensch Sie sein und welche Prioritäten Sie in Ihrem Leben eigentlich setzen wollen. Falls Sie auch nur annähernd so reagieren wie ich, wird Sie diese Übung wachrütteln und ein hervorragender Anstoß zu Veränderungen sein.

22.

Sagen Sie sich immer wieder: Das Leben ist kein Notfall

Man könnte sagen, daß diese Strategie mit die wichtigste Botschaft dieses Buches beinhaltet. Der Meinung vieler Menschen zum Trotz ist das Leben nämlich tatsächlich *kein* Ausnahmezustand oder Notfall.

Ich hatte im Laufe der Jahre Hunderte von Klienten, die alle ihre Familien und ihre Träume vernachlässigten, weil sie alle glaubten, das Leben sei ein einziger Notfall. Sie rechtfertigten ihr neurotisches Verhalten damit, daß sie, wenn sie nicht achtzig Stunden in der Woche arbeiteten, nicht alles erledigen könnten. Manchmal erinnerte ich sie daran, daß ihr Korb für Unerledigtes nicht leer sein würde, wenn sie stürben.

Eine Klientin, Hausfrau und Mutter von drei Kindern, sagte kürzlich zu mir: »Ehe morgens nicht alle weg sind, kriege ich das Haus einfach nicht so sauber, wie ich es gerne möchte.« Über ihre Unfähigkeit, perfekt zu sein, regte sie sich so sehr auf, daß ihr Arzt ihr Beruhigungstabletten verschreiben mußte. Sie verhielt (und fühlte) sich, als sei eine Waffe auf ihren Kopf gerichtet und der Schütze verlange, daß jeder Teller weggeräumt und jedes Handtuch sauber gefaltet würde, sonst ... Wieder wurde insgeheim von der These ausgegangen: *Dies ist ein Notfall!* In Wirklichkeit setzte sich die Frau jedoch selbst so unter Druck. Ich kenne keinen (mich eingeschlossen), der nicht ab und zu aus einer Mücke einen Elefanten macht. Wir alle nehmen unsere eigenen Ziele zu ernst und vergessen, daß man bei der Umsetzung seiner Vorstellungen auch seinen Spaß haben oder einmal alle fünf gerade sein lassen sollte. Oft machen wir aus simplen Vorlieben Bedingungen für unser Glück. Oder wir verurteilen uns dafür, wenn wir unsere selbstgesetzten Fristen nicht einhalten können. Der erste Schritt zu innerer Ruhe besteht nun darin, bereitwillig zuzugeben, daß wir uns in den meisten Fällen selbst unter Druck setzen. Das Leben geht in der Regel weiter, auch wenn nicht alles nach Plan verläuft. Es hilft, sich das ab und zu vor Augen zu halten und sich an den Satz zu erinnern: Das Leben ist kein Notfall.

23.

Lassen Sie Ihren Hinterkopf arbeiten

Eine Sache im Hinterkopf zu behalten, ist ein ausgezeichnetes Mittel, sich an etwas zu erinnern oder einen Gedanken weiterzuentwickeln. Seinen Verstand auf diese Weise streßfrei einzusetzen, erfordert keine Anstrengung und ist doch sehr effektiv. Ihr Gehirn löst im Hinterkopf ein Problem, während Sie gerade mit etwas anderem beschäftigt sind.

Diese Abläufe in Ihrem Hinterkopf lassen sich mit dem Kochen auf kleiner Flamme vergleichen. Während die Speise vor sich hin köchelt, vermengen sich die Zutaten bei niedriger Hitze zu einem schmackhaften Mahl. Sie haben dazu nur die verschiedenen Zutaten in einen Topf gegeben, sie vermischt und dann sich selbst überlassen. Oft wird das Ergebnis besser, je weniger man sich einschaltet.

In ganz ähnlicher Weise könnten wir viele unserer täglichen (schwerwiegenden und sonstigen) Probleme lösen – indem wir sie samt Fakten, Variablen und möglichen Lösungen sich selbst überlassen. So wie beim Zubereiten einer Suppe oder Soße müssen die Gedanken und Ideen in unserem Hinterkopf einfach leise vor sich hin köcheln.

Ob Sie nun an einem Problem arbeiten oder einen Namen vergessen haben, lassen Sie die Tiefen Ihres Gehirns nach der passenden Lösung suchen. Dieser ruhigere, flexiblere und manchmal auch intelligentere Denkbereich befaßt sich mit Dingen, für die wir oft keine unmittelbare Antwort haben. Diese Art der Problemlösung ist natürlich keinesfalls mit Verdrängung oder Verschiebung gleichzusetzen. Mit anderen Worten: Die Probleme im Hinterkopf zu behalten, heißt nicht, sie für immer aus dem Denken zu verbannen. Sie befassen sich vielmehr auf sanfte Weise mit dem Problem, ohne es aktiv zu analysieren. Diese einfache Methode wird Ihnen bei der Lösung vieler Probleme helfen und Ihr Leben weniger streßvoll und anstrengend machen.

24.

Denken Sie jeden Tag einen Augenblick lang an jemanden, dem Sie dankbar sein können

Diese einfache Strategie, die nur wenige Sekunden in Anspruch nimmt, ist seit langem eine der wichtigsten Gewohnheiten in meinem Leben. Ich versuche, jeden Tag damit zu beginnen, daß ich an jemanden denke, dem ich dankbar bin. Für mich sind Dankbarkeit und innerer Friede untrennbar miteinander verknüpft: Je tiefgründiger meine Dankbarkeit für das ist, was mir das Leben schenkt, desto größer ist auch meine innere Ruhe. Dankbarkeit ist es also wert, ein wenig geübt zu werden.

Vielleicht ergeht es Ihnen ja so wie mir, und es gibt in Ihrem Leben viele Menschen, denen Sie dankbar sein können: Ihrer Familie, Freunden, Berufskollegen, Menschen aus Ihrer Vergangenheit, Lehrern, jemandem, der Ihnen einmal eine Chance gegeben hat, und unzählige andere mehr. Vielleicht möchten Sie ja auch einer höheren Macht für das Geschenk des Lebens selbst danken oder für die Schönheit der Natur.

Denken Sie, wenn Sie überlegen, wem Sie dankbar sein können, daran, daß eigentlich ein jeder in Frage kommt – jemand, der Sie im Verkehr einfädeln ließ, jemand, der Ihnen die Tür aufgehalten hat, oder gar eine Ärztin, die Ihnen das Leben gerettet hat. Es geht darum, daß Sie Dankbarkeit empfinden, und zwar vorzugsweise gleich am Morgen.

Ich habe vor langer Zeit die Erfahrung gemacht, daß es mir nur zu leicht fällt, die Gedanken negative Wege einschlagen zu lassen. Wenn das geschieht, geht mir als erstes mein Gefühl der Dankbarkeit verloren. Ich beginne, die Menschen in meinem Leben als Selbstverständlichkeit zu betrachten, und die Liebe, die ich so oft empfinde, macht Verärgerung und Frustration Platz. Diese Übung erinnert mich dann daran, an das Gute in meinem Leben zu denken. Unweigerlich stellt sich, wenn ich an einen Menschen denke, dem ich dankbar bin, das Bild eines zweiten in meinem Kopf ein, dann ein weiterer und noch einer. Und wenig später fallen mir auch noch Dinge ein, für die ich dankbar sein kann: meine Gesundheit, meine Kinder, mein Zuhause, mein Beruf, die Leser meiner Bücher, meine Freiheit – und so geht es immer weiter.

Mag diese Methode auch schrecklich simpel erscheinen, so funktioniert sie doch! Wenn Sie morgens mit Dankbarkeit im Herzen aufwachen, ist es ziemlich schwierig, ja fast unmöglich, etwas anderes als inneren Frieden zu empfinden.

25.

Lächeln Sie Fremde an, schauen Sie ihnen in die Augen und grüssen Sie sie freundlich

Ist Ihnen schon einmal aufgefallen, wie selten die meisten von uns Blickkontakt mit Fremden aufnehmen? Warum ist das eigentlich so? Haben wir Angst vor ihnen? Was hält uns davon ab, Menschen unser Herz zu öffnen, die wir nicht kennen?

Mir sind die Antworten auf diese Fragen auch nicht bekannt, aber ich weiß genau, daß es zweifellos eine Parallele gibt zwischen unserer Einstellung gegenüber Fremden und dem Maß, in dem wir uns glücklich fühlen. Anders ausgedrückt: Es läßt sich kaum ein Mensch finden, der, ohne jemanden anzusehen, mit gesenktem Kopf und gerunzelter Stirn herumläuft und doch ausgeglichen und fröhlich ist.

Ich will damit nicht sagen, daß es besser ist, extrovertiert statt in sich gekehrt zu sein, oder daß Sie Freundlichkeit heucheln oder Ihre ganze Energie darauf verwenden sollten, andere Menschen aufzumuntern. Es ist jedoch durchaus so, daß Sie, wenn Sie in einem Fremden ein wenig von sich selbst sehen und ihm nicht nur Respekt und Herzenswärme entgegenbringen, sondern auch ein Lächeln und Blickkontakt, wahrscheinlich auch bei sich selbst einige positive Veränderungen feststellen werden. Sie werden erkennen, daß die meisten Menschen genauso sind wie Sie; die meisten haben eine Familie, Bezugspersonen, die sie lieben, Sorgen, Probleme, Abneigungen, Ängste und so weiter. Ihnen wir auch auffallen, wie nett und dankbar Menschen sein können, daß Sie den ersten Schritt getan haben. Und wenn Sie sich erst einmal klargemacht haben, wie ähnlich wir uns doch alle sind, entdecken Sie die Unschuld in uns allen. Mit anderen Worten: Auch wenn wir oft Mist bauen, tun die meisten doch ihr Bestes unter den gegebenen Umständen. Mit dieser Erkenntnis stellt sich ein tiefes Gefühl inneren Glücks ein.

26.

Planen Sie jeden Tag eine ruhige Minute ein, ganz für sich allein

Es ist jetzt, da ich mit dem Niederschreiben dieser Strategie beginne, genau halb fünf Uhr morgens, die schönste Zeit des Tages für mich. Ich habe noch mindestens anderthalb Stunden, bis meine Frau und meine Kinder aufstehen und das Telefon zu läuten beginnt; mindestens eine Stunde also, bis mich jemand bitten kann, etwas zu tun. Draußen ist es vollkommen still und ich bin hier ganz allein. Diese Einsamkeit hat etwas Erquickendes und Friedvolles: Zeit zum Nachdenken, zum Arbeiten oder die Ruhe zu genießen.

Ich arbeite nun schon seit über einem Jahrzehnt im Bereich der Streßbewältigung und habe seitdem viele außergewöhnliche Leute kennengelernt. Mir fällt jedoch kein einziger innerlich ausgeglichener Mensch ein, der nicht buchstäblich jeden Tag ein paar ruhige Minuten für sich allein verbringt. Und seien es nur zehn Minuten Meditation oder Yoga, Spaziergänge in der Natur oder ein zehnminütiges Bad hinter verschlossener Badezimmertür – diese kurze Zeit der Regenerierung ist ein ungeheuer wichtiger Teil des Lebens. Wie das Alleinsein trägt sie dazu bei, einen Gegenpol zu dem Krach und Durcheinander zu bilden, denen wir uns die meiste Zeit nicht entziehen können. Ich persönlich kann jedenfalls den Rest des Tages besser bewältigen, wenn ich zuvor eine Weile für mich allein verbracht habe. War das einmal nicht möglich, spüre ich es sofort deutlich.

Ich führe zudem abends ein kleines Ritual durch, das ich schon zahlreichen Freunden empfohlen habe. Wie so viele Menschen fahre ich täglich mit dem Auto in meine Praxis. Auf dem Rückweg steuere ich in der Nähe meiner Einfahrt an den Straßenrand und halte an. Es gibt dort eine hübsche Stelle, an der ich einige Minuten lang die Aussicht bewundere oder einfach die Augen schließe und tief durchatme. Das bringt mich zur Ruhe und hilft mir, abzuschalten und Dankbarkeit zu empfinden. Ich habe diese Strategie Dutzenden von Menschen empfohlen, die darüber klagten, keine »Zeit für sich« zu haben. Sie fuhren mit Karacho in ihre Einfahrt, das Radio voll aufgedreht. Jetzt sind sie durch diese kurze Unterbrechung ruhig und entspannt, wenn sie nach Hause kommen.

27.

Stellen Sie sich die Menschen in Ihrem Leben als winzige Säuglinge oder als hundertjährige Greise vor

Diese Technik eignete ich mir vor fast zwanzig Jahren an. Sie ist äußerst wirkungsvoll, wenn es darum geht, Gefühle der Gereiztheit gegenüber anderen Menschen abzubauen.
Denken Sie an jemanden, der Ihnen wirklich auf die Nerven geht, über den Sie sich maßlos ärgern. Schließen Sie jetzt die Augen und versuchen Sie, sich den Betreffenden als Säugling vorzustellen. Imaginieren Sie seine winzigen Gesichtszüge und unschuldigen kleinen Augen. Machen Sie sich bewußt, daß Säuglinge nun einmal nicht fehlerlos sind und jeder von uns einmal einer war. Stellen Sie die Uhr jetzt hundert Jahre vor. Imaginieren Sie dieselbe Person als einen sehr alten Menschen, der dem Tode nahe ist. Betrachten Sie seine müden Augen und das sanfte Lächeln, das von Weisheit spricht und Fehler der Vergangenheit zuläßt. Führen Sie sich vor Augen, daß jeder von uns in wenigen Jahrzehnten hundert Jahre alt sein wird, tot oder lebendig.

Sie können mit dieser Methode spielen und sie vielseitig abändern. Man lernt so, die Dinge richtig zu bewerten und Mitgefühl zu empfinden. Wenn es unser Ziel ist, ausgeglichener und liebevoller zu werden, dürfen wir auf keinen Fall negative Gefühle gegenüber anderen in unserem Herzen hegen.

28.

Entwickeln Sie Verständnis für den anderen

Diese Überlegungen orientieren sich an Stephen Coveys Buch *Sieben Wege zu mehr Effektivität.* Die Strategie verhilft sofort zu mehr Zufriedenheit (und wahrscheinlich auch mehr Effektivität).

Im Grunde geht es darum, daß es Ihnen wichtiger sein sollte, andere zu verstehen, als von anderen Menschen verstanden zu werden. Das heißt, wenn Ihnen an Kommunikation gelegen ist, die Ihnen und anderen wirklich etwas bringt, müssen zunächst Sie auf die anderen eingehen. Wenn Sie die Beweggründe anderer nachvollziehen können, wenn Sie verstehen, was diese auszudrücken versuchen, was ihnen wichtig ist und so weiter, dann ist der Weg nicht weit, selbst auch verstanden zu werden; das eine ergibt sich mühelos und ganz automatisch aus dem anderen. Wollen Sie diesen Ablauf jedoch umkehren (was die meisten von uns fast immer versuchen, zäumen Sie das Pferd vom Schwanz her auf. Wenn Sie verstanden werden wollen, bevor Sie selbst Ihr Gegenüber verstanden haben, macht dies weitaus größere Anstrengungen nötig, und zwar von Ihrer Seite wie auch von seiten derjenigen, die Sie erreichen wollen. Die Kommunikation bricht dann zusammen und entwickelt sich zu einer Schlacht der Egos.

Ich arbeitete einmal mit einem Paar, das sich die ersten zehn Jahre ihrer Ehe frustriert über die Finanzen stritt. Er konnte nicht nachvollziehen, warum sie jeden Pfennig, den sie verdienten, sparen wollte, und sie konnte nicht verstehen, warum er ein solcher Verschwender war. Jegliche Logik wurde von ihrer beidseitigen Frustration überlagert. So manche Ehepaare haben natürlich viel komplexere Probleme, und so war die Lösung in diesem Fall relativ einfach: Keiner der beiden fühlte sich verstanden. Sie mußten also lernen, aufmerksam zuzuhören und sich nicht mehr gegenseitig zu unterbrechen. Statt die eigene Position zu verteidigen, war es das Ziel, den anderen zu verstehen. Und genau das brachte ich ihnen bei. Er lernte, daß sie sparte, um die finanziellen Katastrophen ihrer Eltern zu vermeiden (sie hatte nämlich Angst davor, ohne einen Pfennig dazustehen). Sie lernte, daß es ihm peinlich war, nicht so gut für sie sorgen zu können, wie sein Vater es für seine Mutter tat (er wollte, daß sie stolz auf ihn war). Je besser sich die beiden verstanden, desto mehr wurde ihre Frustration durch Mitgefühl ersetzt. Heute haben sie ein gutes Gleichgewicht zwischen Sparen und Ausgeben erreicht.

Das Bemühen, zuerst den anderen zu verstehen, ist völlig unabhängig davon, wer recht hat oder nicht; es geht um eine Philosophie effektiver Kommunikation. Wenn Sie diese Übung durchführen, werden Sie bald merken, daß die Menschen, mit denen Sie in Dialog treten, das Gefühl haben, man hört ihnen zu und versteht sie. Daraus ergeben sich bessere, von Liebe erfüllte Beziehungen.

29.

Lernen Sie, besser zuzuhören

Ich wuchs auf in dem Glauben, ein guter Zuhörer zu sein. Und obwohl ich in den vergangenen zehn Jahren sicher ein besserer Zuhörer geworden bin, muß ich doch zugeben, daß ich noch immer höchstens ein *akzeptabler* Zuhörer bin.

Zu effektivem Zuhören gehört nämlich mehr, als nur die schlechte Gewohnheit abzulegen, anderen ins Wort zu fallen oder ihre Sätze zu Ende zu führen. Effektives Zuhören heißt, jemanden ausreden zu lassen, ihm bereitwillig bis zum Schluß zu folgen, ohne ungeduldig auf die Gelegenheit zu warten, ihm zu antworten.

Unsere Unfähigkeit zuzuhören, ist in gewisser Weise ein Symbol für die Art, wie wir leben. Wir verhalten uns oft so, als sei Kommunikation ein Wettrennen. Oft gewinnt man den Eindruck, unser Ziel läge darin, zwischen dem Abschluß des Satzes unseres Gegenübers, mit dem wir uns gerade unterhalten, und dem Beginn unseres eigenen keine Lücke entstehen zu lassen.

Meine Frau und ich aßen kürzlich in einem Café zu Mittag und lauschten den Gesprächen um uns herum. Wir hatten das Gefühl, als höre keiner dem anderen wirklich zu; es schien statt dessen rein darum zu gehen, einander *abwechselnd* nicht zuzuhören. Ich fragte meine Frau, ob ich mich auch so verhielte. Mit einem Lächeln erwiderte sie: »Nur manchmal.«

Sich bei den Antworten ein wenig zurückzuhalten und so ein besserer Zuhörer zu werden, verhilft Ihnen zu mehr Ausgeglichenheit; Ihnen nimmt es den Druck. Denken Sie einmal darüber nach: Es erfordert doch einiges an Energie und ist mit sehr viel Streß verbunden, auf der Stuhlkante zu sitzen und zu erraten, was Ihr Gegenüber (oder Ihr Gesprächspartner am Telefon) wohl als nächstes sagen wird, damit Sie gleich eine Entgegnung parat haben. Wenn Sie hingegen warten, bis die Menschen, mit denen Sie sich unterhalten, fertig sind, wenn Sie einfach aufmerksam das Gesagte in sich aufnehmen, werden Sie merken, wie dieser Druck von Ihnen abfällt. Sie fühlen sich entspannter, und genauso wird es auch Ihren Gesprächspartnern ergehen. Weil sie merken, daß sie sich nicht mehr mit Ihnen in einem Wettstreit um die »Sendezeit« befinden, werden sie auch nicht mehr das Bedürfnis haben, sofort eine Antwort anschließen zu müssen. Nicht nur Sie werden durch besseres Zuhören ein geduldigerer Mensch, nein, auch Ihre Beziehungen können dadurch nur gewinnen. Denn jeder unterhält sich ausgesprochen gern mit einem Menschen, der ihm wirklich zuhört.

30.

Erkennen Sie, was wichtig ist

Eine Grundvoraussetzung für ein Leben in Zufriedenheit ist zu wissen, was wichtig ist. Es beinhaltet, daß es im Leben viele Gelegenheiten gibt, bei denen man vor der Wahl steht, aus einer Mücke einen Elefanten zu machen oder das Ganze mit Gelassenheit zu betrachten, zu erkennen, daß die Angelegenheit eigentlich nicht so wichtig ist. Wenn Sie wissen, was wichtig ist und was nicht, werden Sie weitaus erfolgreicher mit dem umgehen, was tatsächlich von Bedeutung ist.

Natürlich wird es vorkommen, daß Sie Ihrem Wunsch nach Konfrontation, nach einer Auseinandersetzung nachgeben, daß Sie für etwas kämpfen wollen, an das Sie glauben. Viele Menschen streiten sich aber praktisch über alles und machen so aus ihrem Leben einen einzigen Kampf um relativen Kleinkram. Diese Art des Daseins ist von so viel Frustration erfüllt, daß wirklich Wichtiges schließlich aus den Augen verloren wird.

Falls Ihr Ziel (bewußt oder unbewußt) darin besteht, alles zu

Ihren Gunsten verlaufen zu lassen, kann schon die geringste Uneinigkeit oder ein winziges Abweichen von Ihrem Plan zu einem Riesenunglück aufgebauscht werden. Für mich ist dies das sicherste Rezept für Unzufriedenheit und Frustration.

Denn in Wirklichkeit ist das Leben selten so, wie wir es uns wünschen, und andere Menschen handeln oft anders, als wir es gerne möchten. Immer wieder werden wir mit Gegebenheiten konfrontiert, die wir mögen, und anderen, die uns weniger gefallen. Es wird auch stets Leute geben, die anderer Meinung sind als wir, die anders vorgehen als wir, und Dinge, die nicht klappen. Wenn Sie gegen dieses Prinzip des Lebens angehen, kann Ihr Leben nur in einem endlosen Kampf bestehen.

Weitaus friedvoller leben Sie, wenn Sie bewußt entscheiden, für welche Dinge es sich wirklich zu kämpfen lohnt und für welche weniger. Wenn Ihr vorrangiges Ziel nicht darin besteht, die Dinge so zu arrangieren, daß alles perfekt läuft, sondern darin, ein relativ streßfreies Leben zu führen, werden Sie sehen, daß die meisten Kämpfe Sie aus Ihren friedlichen Gefühlen *herausreißen.* Ist es denn wirklich so wichtig, Ihrer Partnerin zu beweisen, daß Sie recht hatten, oder jemandem nachzuweisen, daß ihm ein kleiner Fehler unterlaufen ist? Ist es wirklich der Mühe wert, sich darüber zu streiten, in welches Restaurant oder Kino man gehen möchte? Ist ein kleiner Kratzer am Auto so schlimm, um damit vor Gericht zu gehen? Muß die Tatsache, daß Ihr Nachbar sein Auto partout nicht woanders in der Straße parken will, unbedingt bei Tisch besprochen werden? Diese und Tausende anderer Bagatellen bilden den Anlaß zu Streitereien, mit denen viele Menschen ihr Leben verbringen. Überprüfen Sie Ihre eigene Liste. Wenn sie etwa so aussieht wie früher die meine, sollten Sie vielleicht einmal Ihre Prioritäten überdenken.

Wollen Sie sich nicht von Kleinigkeiten verrückt machen lassen, müssen Sie erkennen, was wichtig ist und was nicht. Wenn Ihnen das gelingt, werden Sie schon bald ein Leben in Ruhe und Gelassenheit führen.

31.

Machen Sie sich Ihre Stimmungen bewusst und lassen Sie sich von schlechten nicht niederdrücken

Ihre Stimmungen können Sie sehr in die Irre führen. Sie können Ihnen vorgaukeln – und tun es wahrscheinlich auch –, daß es mit Ihrem Leben weitaus schlimmer steht, als das tatsächlich der Fall ist. Wenn Sie dagegen guter Laune sind, sieht das Leben herrlich aus. Sie haben Ziele, gesunden Menschenverstand und Weisheit. Ist man guter Stimmung, wirkt alles leichter, Probleme scheinen weniger drückend. In guter Stimmung klappen auch Ihre Beziehungen, und die Kommunikation läuft mühelos. Selbst wenn man Sie kritisiert, nehmen Sie es gelassen hin.

Wenn Sie dagegen schlechter Laune sind, sieht das Leben unerträglich ernst und schwierig aus. Alles erscheint grau in grau. Sie nehmen Dinge persönlich und legen die Handlungen der Menschen um Sie herum falsch aus, unterstellen ihnen gar böswillige Motive.

Der Haken ist nur: Die Menschen merken nicht, daß ihre Stimmungen ständig wechseln. Sie glauben vielmehr, daß ihr

Leben plötzlich schlechter ist als einen Tag oder sogar nur eine Stunde zuvor. Wer also morgens guter Laune ist, liebt seine Frau, seinen Beruf und sein Auto. Er blickt optimistisch in die Zukunft und ist dankbar für seine Vergangenheit. Am späten Nachmittag, wenn er plötzlich schlechter Laune ist, behauptet er jedoch, seinen Beruf zu hassen, er empfindet seine Frau als Nervensäge, hält sein Auto für eine Rostlaube und glaubt, seine berufliche Karriere sei in einer Sackgasse gelandet. Erkundigt man sich bei ihm in dieser niedergedrückten Stimmung nach seiner Kindheit, wird er vermutlich erzählen, daß er viel zu ertragen hatte. Er wird die Schuld an seiner jetzigen Lage wahrscheinlich seinen Eltern geben.

Solch schnelle, drastische Umschwünge mögen absurd erscheinen, ja sogar lustig – aber wir sind alle so. Sind wir schlechter Laune, wissen wir nicht mehr, was wichtig und vorrangig ist. Wenn wir guter Stimmung sind, vergessen wir unser Tief wieder total, und alles sieht rosig aus. Wir bewerten die *exakt* gleichen Umstände – mit wem wir verheiratet sind, wo wir arbeiten, welchen Wagen wir fahren, unsere Fähigkeiten, unsere Kindheit, alles – je nach Stimmung völlig unterschiedlich! Anstatt, was nur sinnvoll wäre, unserer Stimmung die Schuld zu geben, wenn wir uns in einem Tief befinden, haben wir das Gefühl, unser ganzes Leben laufe falsch. Es scheint fast, als glaubten wir wirklich, unser Leben sei in den vergangenen ein oder zwei Stunden in einen Scherbenhaufen zerfallen.

In Wahrheit ist das Leben *fast nie* so schlimm, wie es uns in gedrückter Stimmung oft vorkommt. Statt in einer schlechten Laune zu verharren, in der Überzeugung, das Leben nun ganz realistisch zu sehen, können Sie lernen, Ihr Urteil in Frage zu stellen. Sagen Sie sich einfach: »Natürlich bin ich ärgerlich (oder frustriert, gestreßt, deprimiert); ich bin eben schlecht gelaunt. Und ich habe immer negative Gedanken, wenn ich so niedergeschlagen bin.« Lernen Sie, Ihre Tiefs schlichtweg als unvermeidliche Stimmungslage zu sehen, die auch bald wieder vergeht.

In so einer Situation sollte man sein Leben natürlich nicht analysieren; das wäre emotionaler Selbstmord. Wenn Sie tatsächlich ein Problem haben, wird es auch noch dasein, wenn Ihre Laune sich bessert. Der Trick besteht darin, dankbar zu sein, wenn Sie guter Laune sind, und gelassen, wenn Sie in einem Tief stecken – alles nicht so ernst zu nehmen. Wenn Sie das nächste Mal, aus welchem Grund auch immer, niedergedrückt sind, dann sagen Sie sich also: »Das vergeht schon wieder.« Und das tut es wirklich.

32.

Bedenken Sie: Das Leben ist ein Test, nichts weiter

Auf einem meiner Lieblingsposter steht: »Das Leben ist ein Test, nichts weiter. Wäre dies das richtige Leben, hätte man Ihnen gesagt, wohin Sie gehen und was Sie tun sollen.« Immer wenn ich an diesen humorvollen Schnipsel Weisheit denke, wird mir von neuem klar, daß ich mein Leben nicht so ernst nehmen sollte.

Wenn Sie das Leben und seine zahlreichen Anforderungen als Test oder gar als eine Reihe von Tests betrachten, können Sie alles, womit Sie konfrontiert werden, als eine Möglichkeit zum Wachsen sehen, als Chance, sich weiterzuentwickeln. Ob Sie nun vor einem Berg von Problemen und Pflichten oder selbst vor schier unüberwindbaren Hürden stehen, bei einem Test besteht immer eine Aussicht auf Erfolg; Sie können den Berg bezwingen! Wenn andererseits jede neue Aufgabe, der Sie sich gegenübersehen, wie eine schwere Schlacht auf Sie wirkt, die Sie gewinnen müssen, um zu überleben, dann steht Ihnen ein sehr steiniger Weg bevor. Sie werden wahrscheinlich nur dann ein Gefühl der Zufriedenheit erlangen, wenn alles genau nach Plan verläuft. Und wir wissen alle, daß das selten genug der Fall ist.

Probieren Sie diese Übung einmal an einer Sache aus, mit der Sie sich gerade herumschlagen. Vielleicht haben Sie ja einen schwierigen Teenager zum Sohn oder einen Chef, der arge Ansprüche stellt. Versuchen Sie, darin kein Problem zu sehen, sondern einen Test. Schauen Sie, ob Sie aus der Situation nicht etwas lernen können, anstatt sich gleich ins Schlachtgetümmel zu stürzen. Stellen Sie sich folgende Fragen: »Wozu ist diese Sache in meinem Leben gut? Was könnte sie bedeuten und was wäre nötig, um sie in den Griff zu bekommen? Könnte ich das Ganze irgendwie anders betrachten? Läßt es sich als eine Art Test sehen?«

Wenn Sie es mit dieser Strategie versuchen, werden Sie überrascht feststellen, daß Sie plötzlich anders reagieren. Ich, zum Beispiel, hatte früher viel zu kämpfen mit meinem Gefühl, nicht genug Zeit zu haben. Ich hetzte ständig hin und her und versuchte, alles zu erledigen. Ich machte meinen Terminkalender für meinen Zeitdruck verantwortlich, meine Familie, meine Lebensumstände, alles nur Erdenkliche. Dann wurde mir langsam klar, daß mein Ziel, wenn ich glücklich und zufrieden sein wollte, nicht notwendigerweise darin bestehen konnte, mein Leben so perfekt zu organisieren, daß ich mehr Zeit hatte, sondern zu akzeptieren, daß ich manchmal eben nicht alles schaffte, wozu ich mich verpflichtet fühlte. Mit anderen Worten, was ich wirklich lernen mußte, war, meinen Kampf als Test zu sehen. Das half mir letztendlich, mit einer meiner größten, persönlichen Frustrationen fertig zu werden. Ich kämpfe immer noch ab und zu mit meinem angeblichen Zeitmangel, aber erheblich weniger als früher. Ich kann die Dinge inzwischen viel besser so akzeptieren, wie sie sind.

33.

Leben Sie mit Lob und Tadel

Eine der unvermeidlichen Lektionen im Leben ist, mit der Mißbilligung anderer fertig zu werden. Es wird Ihnen nämlich nie gelingen, immer und stets alle Menschen zufriedenzustellen. Selbst wenn ein Kandidat einen überwältigenden Wahlsieg mit 55 Prozent aller Stimmen erringen konnte, bleiben noch 45 Prozent der Bevölkerung, die sich jemanden anders gewünscht hätten. Ziemlich ernüchternd, nicht wahr?

Wir werden in der Familie, unter unseren Freunden und Berufskollegen kaum eine höhere Billigung erfahren. Schließlich hat jeder seine eigenen Ideen und Wertvorstellungen, und diese können nicht immer mit denen anderer übereinstimmen. Aus einem unerklärlichen Grund wehren sich die meisten von uns jedoch gegen diese unumstößliche Tatsache. Wir werden zornig, sind verletzt oder frustriert, wenn man unsere Ideen verwirft, uns zurückweist oder in anderer Form Mißbilligung zeigt. Je eher wir aber die unumstößliche Tatsache akzeptieren, daß wir schlichtweg nicht die Akzeptanz eines jeden Menschen finden können, mit dem wir es zu tun haben, desto einfacher wird unser Leben. Wenn Sie sich also einfach damit abfinden, von Zeit zu Zeit auf Mißbilligung zu stoßen, können Sie mit frischen Kräften Ihren Lebensweg gehen. Fühlen Sie sich durch Tadel nicht zurückgewiesen, sondern sagen Sie sich: »Das mußte ja mal wieder passieren. Macht nichts.« Umgekehrt können Sie lernen, angenehm überrascht, ja dankbar zu sein, wenn Ihnen unerwartete Billigung widerfährt.

Bei mir ist es so, daß ich oft am gleichen Tag Lob und Tadel empfange. Jemand engagiert mich für einen Vortrag, und jemand anders zeigt kein Interesse; ein Anruf bringt gute Nachrichten, ein anderer schafft ein neues Problem. Eines meiner Kinder ist zufrieden mit meinem Verhalten, das andere hat damit Schwierigkeiten. Jemand sagt, was für ein netter Mensch ich doch sei, ein anderer hält mich beispielsweise für arrogant, weil ich seinen Anruf nicht erwidere. Dieser Wechsel zwischen gut und schlecht, Billigung und Mißbilligung gehört einfach zum Leben. Ich gebe gern zu, daß mir Lob lieber ist als Tadel; es ist angenehmer und leichter zu akzeptieren. Je zufriedener ich jedoch bin, desto weniger hängt mein ganzes Wohlbefinden von einigen Akzeptanz ausdrückenden Worten ab.

34.

Üben Sie sich in kleinen, anonymen Freundlichkeiten

Seit einiger Zeit gibt es einen Aufkleber, den Sie überall im Land an Autos sehen können (ich selbst habe ihn auch an meinem Wagen). Darauf steht: »Üben Sie sich in kleinen Freundlichkeiten und sinnlosen Freundschaftsdiensten.« Ich habe keine Ahnung, wer auf diese Idee gekommen ist, aber ich habe noch nie auf einem vor mir fahrenden Auto eine wichtigere Botschaft gelesen. Indem Sie anonym, also ohne, daß jemand davon weiß, etwas Nettes tun, erleben Sie die Freude, etwas zu schenken, ohne eine Gegenleistung zu erwarten.

In der Bucht von San Francisco gibt es fünf Mautbrücken. Vor einiger Zeit begannen ein paar Leute, die Maut für den Wagen hinter sich mit zu bezahlen. Der Fahrer fuhr also zur Mautschranke vor, zückte seine Dollarnote – da hörte er: »Ihre Maut ist schon von dem Wagen vor Ihnen bezahlt worden.« Dies ist ein Beispiel für eine spontane, anonyme Freundlichkeit, für ein Geschenk, das keine Gegengabe erwartet. Sie können sich sicher vorstellen, welchen Eindruck diese Geste auf den Autofahrer machte! Vielleicht veranlaßte sie ihn ja, an diesem Tag besonders nett zu sein. Oft ist so eine freundliche Geste nämlich der Auslöser für eine ganze Reihe weiterer positiver Reaktionen. Es gibt kein festgeschriebenes Rezept für Freundlichkeiten; sie kommen von Herzen. Ihr Geschenk könnte etwa darin bestehen, den in Ihrer Gegend herumliegenden Abfall aufzusammeln, einer wohltätigen Organisation eine anonyme Spende zu schicken, jemandem Geld zukommen zu lassen, von dem Sie wissen, daß es ihm finanziell schlechtgeht, ein Tier zu retten, indem Sie es in ein Tierheim bringen, oder auch ehrenamtlich für eine Kirche zu arbeiten. Das alles könnten Sie tun und noch so viel mehr! Geben ist etwas Schönes, und es muß gar nicht viel kosten.

Der beste Grund für Ihre kleinen Freundlichkeiten ist vielleicht, daß sie dadurch selbst Zufriedenheit finden. Jedesmal werden Sie durch positive Gefühle belohnt und an die wichtigsten Aspekte des Lebens erinnert: Dienst am Mitmenschen, Herzenswärme und Liebe. Wenn wir alle unseren Teil beitragen, werden wir bald in einer schöneren Welt leben.

35.

Durchschauen Sie Verhaltensmuster

Haben Sie schon einmal sich selbst oder jemand anders sagen hören: »Das darfst du nicht so ernst nehmen, John wußte nicht, was er tut«? Wenn ja, dann ist Ihnen bekannt, was es bedeutet, hinter das Verhalten von jemandem zu blicken. Und wenn Sie Kinder haben, wissen Sie ganz sicher, wie wichtig dieser einfache Akt des Vergebens ist. Wenn wir unsere Liebe vom Verhalten unserer Kinder abhängig machten, wäre es oft schwierig, sie überhaupt zu lieben. Hinge Liebe allein vom Benehmen ab, dann wäre vielleicht keiner von uns als Teenager je geliebt worden!

Wäre es nicht schön, wenn wir dieses liebevolle Verständnis allen Menschen entgegenbringen könnten, mit denen wir in Kontakt kommen? Wäre die Welt nicht wärmer und liebevoller, wenn wir die Handlungsweise all derer, die sich nicht so verhalten, wie wir es gerne hätten, in einem ähnlichen Licht sehen könnten wie das oft »seltsame« Verhalten unserer Teenager?

Das soll nicht heißen, daß wir den Kopf in den Sand stecken und so tun sollen, als wäre immer alles in bester Ordnung, daß wir uns alles gefallen lassen oder negatives Verhalten entschuldigen oder gar billigen sollen. Nein, es heißt nur, daß wir Nachsicht üben. Wenn der Postangestellte sich Zeit läßt, hat er wahrscheinlich einen schlechten Tag – oder vielleicht hat er ja nur schlechte Tage. Wenn Ihr Ehepartner oder eine enge Freundin Sie anblafft, dann versuchen Sie zu erkennen, daß der geliebte Mensch Sie trotz dieses untypischen Verhaltens liebt und von Ihnen geliebt werden will. Hinter das vordergründige Verhalten zu blicken, ist einfacher, als Sie vielleicht annehmen. Versuchen Sie es noch heute und Sie werden bald einige schöne Ergebnisse sehen und fühlen.

36.

Erkennen Sie die Unschuld

Für viele Menschen ist es eine der frustrierendsten Erfahrungen in ihrem Leben, wenn sie das Verhalten anderer Menschen nicht verstehen. Wir betrachten sie als »schuldig« anstatt als »unschuldig«. Die Versuchung ist groß, sich auf ihr scheinbar unsinniges Benehmen – ihre Bemerkungen, Handlungen, Gemeinheiten, ihren Egoismus – zu konzentrieren und sich dadurch letztendlich selbst frustrieren zu lassen. Wenn wir uns nämlich zu sehr auf das Verhalten anderer einlassen, können wir schnell den Eindruck gewinnen, andere machten uns das Leben schwer.

Doch wie sagte Wayne Dyer einmal sarkastisch in einer Rede: »Trommelt sämtliche Leute zusammen, die euch das Leben schwermachen, und bringt sie zu mir. Ich werde sie behandeln, und dann geht es euch wieder besser!« Das ist natürlich absurd. Es mag schon zutreffen, daß manche Leute abstruse Dinge tun (wer tut das nicht), aber *wir* sind es, die sich darüber aufregen –

und die sich daher ändern müssen. Ich rede hier nicht davon, Gewalt oder anderes abnormes Verhalten zu akzeptieren, zu ignorieren oder gar zu unterstützen. Ich rede davon zu lernen, mehr Gelassenheit zu entwickeln gegenüber dem Benehmen anderer Menschen.

Ein wirkungsvolles Instrument dabei ist, die Unschuld zu sehen. Wenn also jemand etwas tut, das uns nicht gefällt, dann geht man damit am besten um, indem man sich von diesem Benehmen distanziert, indem man hinter die Fassade blickt und so die Unschuld erkennt, die hinter dem Verhalten steckt. Sehr häufig versetzt uns dieses geringfügige Umdenken in einen Zustand des Mitgefühls.

Gelegentlich arbeite ich mit Menschen zusammen, die mich zur Eile drängen. Oft ist ihre Methode, mich anzutreiben, aufdringlich, ja beleidigend. Wenn ich nur auf die von ihnen gewählten Worte, den Klang ihrer Stimme und die Dringlichkeit ihrer Bemerkungen achte, antworte ich gereizt und verärgert; ich sehe sie als »schuldig«. Wenn ich jedoch an das Gefühl der Dringlichkeit denke, das auch ich manchmal habe, wenn ich etwas schnell erledigen möchte, dann kann ich die Unschuld in ihrem Verhalten erkennen. Hinter dem nervenaufreibendsten Verhalten steckt ein frustrierter Mensch, der unser Mitgefühl braucht.

Achten Sie also, wenn sich demnächst mal wieder jemand merkwürdig benimmt, auf die Unschuld hinter seinem Verhalten. Wenn Sie einfühlsam sind, können Sie die Ursache sicher leicht entdecken. Sobald Sie erst die Unschuld sehen, lassen dieselben Dinge, die Sie früher frustriert haben, Sie nun kalt. Und wenn Sie sich über das Verhalten anderer nicht mehr aufregen, wird es Ihnen erheblich leichter fallen, sich auf die schönen Dinge des Lebens zu konzentrieren.

37.

Üben Sie sich in Freundlichkeit statt in Rechthaberei

Wie ich schon in Strategie Nummer zwölf gezeigt habe, kommen Sie immer wieder in die Lage, eine Entscheidung zwischen Freundlichkeit und Rechthaberei zu treffen. Oft meinen Sie, Anlaß zu haben, jemanden auf einen Fehler hinzuweisen, auf vermeintlich falsche Verhaltensweisen, auf Möglichkeiten zur Verbesserung. Es bieten sich viele Gelegenheiten, andere – unter vier Augen oder im Beisein Dritter – zu »korrigieren«. Dann lassen Sie andere schlecht dastehen – und fühlen sich selbst auch mies dabei.

Ich will hier nicht zu psychoanalytisch werden, aber der Grund, warum wir versucht sind, andere schlechtzumachen, sie auf Fehler aufmerksam zu machen, ihnen zu zeigen, daß wir recht und sie unrecht haben, liegt darin, daß unser Ego fälschlicherweise annimmt, wir müßten, wenn wir jemanden darauf hinweisen, daß er im Irrtum ist, automatisch selbst recht haben und uns daher besser fühlen.

In Wirklichkeit werden Sie, wenn Sie einmal darauf achten, wie Sie sich fühlen, nachdem Sie jemanden gedemütigt haben, jedoch merken, daß es Ihnen schlechter geht als zuvor. Ihr Herz, der Sitz des Mitgefühls, weiß, daß es schlichtweg unmöglich ist, sich auf Kosten eines anderen besser zu fühlen.

Glücklicherweise trifft jedoch genau das Gegenteil zu, wenn Ihr Ziel darin besteht, Menschen zu ermutigen, sie aufzumuntern, sich für sie zu freuen. Dann färben Ihre positiven Gefühle auch auf die anderen ab. Widerstehen Sie beim nächsten Mal der Versuchung, jemanden zu korrigieren, auch wenn derjenige offensichtlich nicht recht hat. Fragen Sie sich lieber: »Was erhoffe ich mir eigentlich von dieser Interaktion?« Ich nehme an, Sie wünschen sich ein friedvolles Miteinander, bei dem sich alle Parteien wohl fühlen. Jedesmal, wenn Sie davon absehen, recht zu haben, und sich statt dessen für Freundlichkeit entscheiden, werden Sie ein warmes Gefühl des Friedens in sich spüren.

Kürzlich unterhielten meine Frau und ich uns über eine berufliche Idee, die ein großer Erfolg war. Ich sprach dauernd von »meiner« Idee, nahm sie ganz offensichtlich als mein alleiniges Verdienst in Anspruch. Kris überließ mir in ihrer liebevollen Weise bereitwillig den Ruhm. Später fiel mir dann plötzlich ein, daß dieser Gedanke eigentlich von ihr gekommen war, nicht von mir. Schande! Als ich sie anrief, um mich zu entschuldigen, merkte ich, daß ihr mehr an meiner Freude lag als an ihrem

eigenen Bedürfnis nach Anerkennung. Sie sagte, daß sie sich freue, wenn ich glücklich bin, und daß es egal sei, auf wessen Idee die Sache eigentlich zurückzuführen sei. (Können Sie jetzt nachvollziehen, warum es so einfach ist, sie zu lieben?)
Verwechseln Sie diese Strategie nicht mit Feigheit oder der Angst, für seine Überzeugungen einzutreten. Ich behaupte nicht, daß es grundsätzlich nicht okay ist, wenn Sie recht haben – nur, daß Sie, wenn Sie auf Ihrem Recht *bestehen,* oft einen sehr hohen Preis zahlen – Ihren inneren Frieden. Um Gelassenheit zu erreichen, müssen Sie fast immer Freundlichkeit vor Rechthaberei stellen. Am besten fangen Sie gleich beim nächsten Menschen, mit dem Sie sich unterhalten, mit dem Üben an.

38.

Sagen Sie (noch heute) drei Menschen, wie sehr Sie sie lieben

Der Autor Stephen Levine stellte einmal folgende Frage: »Wenn Sie noch eine Stunde zu leben hätten und einen einzigen Anruf tätigen könnten – wen würden Sie anrufen, was würden Sie sagen und worauf warten Sie noch?« Welch eine eindrucksvolle Botschaft!

Wer kann schon sagen, worauf wir noch warten? Vielleicht möchten wir gern glauben, daß wir ewig leben, oder daß wir schon »irgendwann« die Gelegenheit finden werden, den Menschen, die uns etwas bedeuten, zu sagen, wie sehr wir sie lieben. Was auch immer der Grund sein mag – die meisten von uns warten einfach zu lang.

Wie das Schicksal es will, schreibe ich diese Strategie am Geburtstag meiner Großmutter. Im Lauf des Tages werden mein Vater und ich zu ihrem Grab fahren. Sie starb vor ungefähr zwei Jahren. Vor ihrem Tod war es ihr ungeheuer wichtig, ihre Familie noch wissen zu lassen, wie sehr sie uns alle geliebt hat.

Mit einem Schlag wurde uns so bewußt, daß es keinen triftigen Grund gibt abzuwarten. *Jetzt* ist der richtige Zeitpunkt, anderen zu sagen, wieviel sie Ihnen bedeuten!
Im Idealfall können Sie das persönlich oder auch am Telefon tun. Ich wüßte zu gern, wie viele Menschen schon einmal so einen Anruf erhalten haben: »Ich wollte dir nur mal sagen, wie sehr ich dich liebe!« Es mag Sie vielleicht überraschen, daß kaum etwas einem Menschen so viel bedeutet wie diese Botschaft. Wie würden Sie sich fühlen, wenn Sie diesen Satz hörten?
Wenn Sie zu schüchtern für einen solchen Anruf sind, dann schreiben Sie einfach einen Brief, der ganz von Herzen kommt. Auf jeden Fall werden Sie merken, daß es bald ganz normal für Sie sein wird, andere wissen zu lassen, wie sehr Sie sie lieben. Und es ist nicht verwunderlich, daß Sie daraufhin wahrscheinlich auch mehr Liebe empfangen werden.

39.

Üben Sie sich in Demut

Demut und innerer Frieden gehen Hand in Hand. Je weniger Sie gezwungen sind, sich vor anderen zu beweisen, desto leichter fällt es Ihnen auch, innere Ruhe zu finden.

Sich beweisen zu wollen, ist eine gefährliche Falle. Es erfordert zum einen enorme Energien, ständig zu prahlen, auf seine eigenen Leistungen hinzuweisen oder andere von Ihrem Wert als Mensch überzeugen zu wollen. Außerdem schwächt Prahlerei nur die positiven Gefühle ab, die Ihnen für eine Leistung oder etwas, worauf Sie stolz sind, sowieso entgegengebracht würden. Ja, noch schlimmer: Je mehr Sie Ihren Wert unter Beweis stellen wollen, desto mehr werden andere versuchen, Ihnen aus dem Weg zu gehen, werden hinter Ihrem Rücken über Ihre Großspurigkeit tuscheln – die zudem Ihre Unsicherheit verrät – und Ihnen vielleicht auch mit Mißgunst begegnen.

Erstaunlicherweise bringt man Ihnen um so mehr Hochachtung entgegen, je weniger Sie sich darum bemühen. Die Menschen fühlen sich zu anderen hingezogen, die ein ruhiges Selbstbewußtsein ausstrahlen, Menschen, die sich nicht ständig beweisen müssen, immer recht haben wollen oder allen Ruhm für sich beanspruchen. Am meisten geliebt wird, wer nicht prahlt, mehr Herz als Ego zeigt.

Der Weg zu wahrer Demut besteht in Üben, Üben, Üben. Das Angenehme dabei ist, daß Sie sofort eine innere Veränderung spüren werden, sich ruhiger, leichter fühlen. Widerstehen Sie also bei der nächsten Gelegenheit der Versuchung zu prahlen. Ich habe diese Strategie einmal mit einem Klienten besprochen, und er erzählte mir daraufhin folgende Geschichte: Wenige Tage, nachdem er befördert worden war, war er mit einer Gruppe von Freunden zusammen. Sie wußten noch nicht, daß man ihn einem anderen aus dem Freundeskreis vorgezogen hatte. Die beiden Männer hatten sich immer als so etwas wie Konkurrenten gesehen, und so war mein Klient stark in Versuchung, beiläufig zu erwähnen, daß man ihn gewählt hatte und den anderen eben *nicht.* Er war schon nahe daran, etwas zu sagen, als eine kleine Stimme sich in ihm meldete: »Halt. Tu's nicht!« Daraufhin erzählte er seinen Freunden zwar von der Beförderung, enthielt sich aber jeglicher Selbstgefälligkeit oder Schadenfreude. Er erwähnte nicht, daß ihr anderer Freund nicht befördert worden war. Wie er mir sagte, war er wohl noch nie zuvor von einem solchen Gefühl der Ruhe und des Stolzes erfüllt gewesen. Es gelang ihm, seinen Erfolg zu genießen, ohne damit anzugeben. Als seine Freunde später herausfanden, was geschehen war, ließen sie ihn wissen, wie sehr sein Takt und seine Bescheidenheit sie beeindruckt hatten. Durch seine Demut erntete er also weitaus positivere Reaktionen als erwartet.

40.

Wenn Sie nicht wissen, wer mit dem Mülleimer dran ist, dann überlegen Sie nicht lange, sondern tragen ihn einfach selbst hinaus

Wenn wir nicht aufpassen, ärgern wir uns nur zu leicht über unsere alltäglichen, kleinen Pflichten. Als ich einmal sehr schlechter Laune war, rechnete ich aus, daß ich an einem durchschnittlichen Tag mehr als tausend verschiedene Dinge zu erledigen habe. Bin ich in besserer Stimmung, liegt diese Zahl natürlich erheblich niedriger.

Im Grunde ist es doch erstaunlich, wie leicht es mir fällt, mich an all die Handgriffe, die ich im Haushalt verrichte, und an all die anderen Dinge, um die ich mich kümmern muß, zu erinnern. Gleichzeitig habe ich aber auch kein Problem damit, all die Aufgaben zu vergessen, die meine Frau Tag für Tag erledigt. Wie praktisch!

Es ist wirklich schwierig, ein zufriedener Mensch zu sein, wenn man eine Strichliste über all das führt, was man so macht. Dieses Nachrechnen entmutigt Sie nur, weil Sie an gar nichts anderes mehr denken können als daran, wer was tut, wer mehr tut und so weiter. Wenn Sie meine Meinung hören wollen: In diesem Aufrechnen zeigt sich der wahre Kleingeist! Ihr Leben wird von weitaus mehr Freude erfüllt sein, wenn Sie, anstatt lang und breit zu überlegen, wer beispielsweise an der Reihe ist, den Mülleimer hinauszutragen, akzeptieren, daß Sie Ihren Beitrag geleistet haben und jemand anders in der Familie nun vielleicht eine Sache weniger erledigen muß.

Das stärkste Argument gegen diese Strategie ist natürlich die Sorge, man könnte Sie ausnutzen – ein ähnlicher Fehler wie die Überzeugung, Sie müßten immer recht haben. In den meisten Fällen ist es egal, ob Sie recht haben oder nicht, und ebenso gleichgültig ist es, ob Sie den Mülleimer öfter hinaustragen als Ihr Lebenspartner. Messen Sie derartigen Dingen weniger Bedeutung bei und Sie werden mehr Zeit und Energie für das wirklich Wichtige im Leben haben.

41.

Vermeiden Sie, an allem herumzubessern

In bezug auf ein friedliches Leben ist das Herumbessern, das »Wetterfestmachen«, eine Neigung, die uns von unserer neurotischsten, ungünstigsten Seite zeigt. Diese Metapher stammt von einem meiner Freunde, Dr. George Pransky.

Genauso, wie wir ein Haus auf den Winter vorbereiten, indem wir nach Rissen, undichten Stellen und anderen Mängeln suchen, können wir auch versuchen, unsere Beziehungen, ja unser ganzes Leben wetterfest zu machen, an ihm herumzubessern. Im Grunde bedeutet dies, daß Sie mit scharfen Augen nach Dingen spähen, die in Ordnung gebracht oder repariert werden müssen; daß Sie Risse und Mängel im Leben suchen und entweder versuchen, sie zu beheben, oder aber wenigstens auf sie hinzuweisen. Auf diese Weise bauen Sie aber nicht nur eine Mauer zwischen sich und den anderen Menschen auf, sondern sie fühlen sich auch nicht gut dabei. Sie denken bei allem und jedem nur noch über das nach, was *nicht* stimmt, was Ihnen *nicht* gefällt. Anstatt daß wir uns also über unsere Beziehungen und unser Leben freuen, läßt uns der Wunsch, alles wetterfest zu machen, nur die Mängel in unserem Dasein sehen. Nichts ist je so gut, wie es sein könnte.

In unseren Beziehungen wirkt sich diese Angewohnheit beispielsweise so aus: Sie lernen jemanden kennen, und alles ist gut. Sie fühlen sich zu dieser Person hingezogen, zu ihrem Aussehen, Charakter, Intellekt, ihrem Sinn für Humor. Am Anfang akzeptieren Sie die Unterschiede nicht nur, sondern finden sie sogar aufregend. Vielleicht fühlen Sie sich ja auch gerade wegen der Unterschiede angezogen. Sie haben unterschiedliche Ansichten, Vorlieben, Prioritäten, einen anderen Geschmack.

Nach einer Weile fallen Ihnen an dem neuen Partner (oder Freund, Lehrer und so weiter) jedoch kleine Eigenarten auf, die sich Ihrer Meinung nach durchaus verbessern ließen. Sie machen ihn darauf aufmerksam. Sie sagen: »Also, du bist auch nicht gerade der Pünktlichste.« Oder: »Mir ist aufgefallen, daß du nicht besonders viel liest.« Damit nimmt eine Verhaltensweise ihren Anfang, die unweigerlich schon bald Ihre ganze Einstellung zum Leben bestimmen wird: nur noch auf das zu achten, was Ihnen an jemandem *nicht gefällt,* wo es etwas auszusetzen gibt.

Eine gelegentliche Bemerkung, konstruktive Kritik oder ein hilfreicher Hinweis sind natürlich noch kein Grund zur Beunruhigung. Ich muß jedoch sagen, daß ich bei meiner jahrelangen Arbeit mit Hunderten von Paaren nur wenige Menschen kennengelernt habe, die nicht das Gefühl hatten, daß ihr Partner von Zeit zu Zeit an ihnen herummäkelte. Und gelegentliche, vermeintlich harmlose Bemerkungen haben eben die perfide Tendenz, schon bald die ganze Einstellung zum Leben zu bestimmen.

Wenn Sie an einem anderen etwas verbessern wollen, sagt das keineswegs etwas über diesen Menschen aus – es zeigt vielmehr, daß Sie jemand sind, der ständig kritisiert.

Ob Sie nun dazu neigen, an Ihren Beziehungen, bestimmten Aspekten Ihres Lebens oder auch an beidem herumzubessern – diese Angewohnheit müssen Sie schleunigst ablegen. Wenn sie sich in Ihr Denken einschleicht, sollten Sie sich zügeln und Ihre Lippen fest zusammenpressen. Je weniger Sie an Ihrem Partner bzw. Ihrer Partnerin oder auch an Freunden herumbessern, desto mehr werden Sie merken, wie schön Ihr Leben eigentlich ist.

42.

Denken Sie jeden Tag einen Augenblick lang an jemanden, dem Sie Ihre Liebe schicken können

In einem früheren Kapitel habe ich vorgeschlagen, jeden Tag einen Augenblick lang an jemanden zu denken, dem Sie danken können. Eine weitere wunderbare Quelle für inneren Frieden ist, jeden Tag ein paar Augenblicke lang an jemanden zu denken, dem Sie Ihre Liebe schicken können. Dadurch werden Sie Ruhe und Harmonie finden.

Ich begann meine Übungen, indem ich mir bewußt Menschen vergegenwärtigte, derer ich mich in Liebe erinnern konnte, und merkte plötzlich, wie oft ich genau ins Gegenteil verfiel – nämlich an Personen dachte, über die ich mich geärgert hatte. Meine Gedanken kreisten immer wieder um unerfreuliches oder merkwürdiges Verhalten, und binnen Sekunden war ich von einer negativen Einstellung erfüllt. Als ich jedoch den Entschluß faßte, jeden Morgen einen Augenblick lang an jemanden zu denken, den ich lieben konnte, machte sich in mir eine positive Einstellung breit, nicht nur in bezug auf diese Person, sondern den ganzen Tag über. Ich will damit nicht sagen, daß ich mich nie über jemanden ärgere, aber es geschieht weitaus seltener als früher. Diese Übung hat mehr als alle anderen zu den positiven Veränderungen in mir beigetragen.

Jeden Morgen schließe ich nach dem Aufwachen die Augen und atme ein paarmal tief durch. Dann überlege ich: »Wem könnte ich heute meine Liebe schicken?« Sofort stellt sich in meinem Kopf das Bild von jemandem ein – einem Familienangehörigen, einem Freund, einem Mitarbeiter, einer Nachbarin, jemandem aus meiner Vergangenheit, sogar von Fremden, die ich nur kurz auf der Straße gesehen habe. Es ist nicht so wichtig, wer konkret es ist, weil es mehr darum geht, seine Gedanken mit Liebe zu erfüllen. Sobald dann feststeht, wem ich meine Liebe schicken möchte, sage ich zum Beispiel: »Ich wünsche dir einen wunderschönen Tag, angefüllt mit Liebe und Herzenswärme.« Wenn ich nach wenigen Sekunden fertig bin, spüre ich für gewöhnlich, daß mein Herz bereit ist für einen neuen Tag. Auf unerklärliche, mysteriöse Weise hält die Wirkung dieser wenigen Sekunden mehrere Stunden lang an. Wenn Sie es einmal mit dieser Übung versuchen, werden Sie merken, wie friedvoll Ihr Tag verlaufen wird.

43.

Werden Sie zum Anthropologen

Anthropologie ist die Wissenschaft, die sich mit dem Menschen und seiner Entwicklung beschäftigt. Für diese Strategie möchte ich den Begriff jedoch ein wenig in meinem Sinn umformulieren: das urteilsfreie Interesse an der Art und Weise, wie andere Menschen leben und handeln. Diese Strategie soll Ihr Mitgefühl und Ihre Geduld stärken. Darüber hinaus ist das Interesse an der Lebensweise anderer Menschen auch eine Methode, Vorurteile durch Herzenswärme zu ersetzen. Wenn Sie wirkliche Neugier dafür entwickeln, wie jemand reagiert oder eine Sache empfindet, können Sie sich kaum noch darüber ärgern. Zum Anthropologen zu werden, bedeutet also, sich über die Handlungsweise anderer Menschen weniger aufzuregen.

Reagieren Sie, wenn jemand etwas tut, was Ihnen seltsam vorkommt, nicht mehr wie sonst: »Ich fasse es nicht, daß sie das tun konnte.« Sagen Sie sich einfach: »Aha, so sieht sie also die Welt. Sehr interessant.« Sie müssen, damit diese Strategie

Ihnen hilft, wirklich aufrichtig sein. Zwischen Interesse und Arroganz besteht oft nur ein hauchdünner Unterschied; Sie dürfen also nicht insgeheim denken, daß Ihre Art eigentlich doch die bessere ist.

Kürzlich war ich mit meiner sechsjährigen Tochter beim Einkaufen. Wir kamen an einer Gruppe von Rockern vorbei, mit orangegefärbten Punkerfrisuren und Tätowierungen am ganzen Körper. Meine Tochter fragte sofort: »Daddy, warum sind die so angezogen? Haben die sich verkleidet?« Vor Jahren hätte ich diese jungen Leute noch verurteilt – als wäre ihre Lebensweise falsch und meine eher konservative richtig. Mir wäre irgendeine intolerante Erklärung entfahren, und damit hätte ich meine Intoleranz auch noch an meine Tochter weitergegeben. Seit ich mich bemühe, ein Anthropologe zu sein, hat sich meine Sichtweise jedoch stark geändert; ich bin nachsichtiger geworden. Also sagte ich zu meiner Tochter: »Ich weiß auch nicht genau, aber es ist doch interessant, wie verschieden wir alle sind.« Worauf sie erwiderte: »Stimmt, aber mir gefällt mein Haar besser.« Statt uns also auf das Verhalten der Rocker zu konzentrieren und weitere Energien auf sie zu verschwenden, beendeten wir das Thema und genossen unsere Stunden zu zweit.

Für andere Lebens- und Sichtweisen offen zu sein, heißt noch lange nicht, sich mit allem einverstanden zu erklären. Ich würde auf keinen Fall ein Punker oder Rocker sein wollen oder es jemand anderem ans Herz legen. Gleichzeitig steht es mir aber auch nicht zu, deren Lebensstil zu verurteilen. Eine der Hauptregeln für ein fröhliches Leben lautet, daß Intoleranz sehr viel Energie kostet, was Sie unweigerlich bei der Verfolgung Ihrer Ziele hemmt.

44.

Lernen Sie, verschiedene Realitäten zu verstehen

Wir wollen, da wir nun gerade beim Interesse für die Handlungsweise anderer Menschen sind, einen Moment auf das Thema verschiedene Realitäten verwenden.

Wenn Sie schon ins Ausland gereist sind oder Dokumentationen im Kino gesehen haben, sind Ihnen die enormen Unterschiede zwischen den Kulturen ja bekannt. Das Prinzip der verschiedenen Realitäten besagt nun, daß die Unterschiede zwischen den einzelnen Menschen genauso groß sind. Natürlich erwarten wir nicht, daß Menschen anderer Kulturen die Dinge so sehen wie wir (ja, wir wären enttäuscht, wenn dem so wäre). Überträgt man dieses Prinzip auf die individuellen Unterschiede in unseren Sichtweisen, kann es nicht anders sein. Es geht also nicht nur darum, Unterschiede zu tolerieren, sondern die Tatsache wirklich zu verstehen und zu respektieren, daß es totale Übereinstimmung gar nicht geben *kann*.

Ich habe erfahren, wie das Verständnis dieses Prinzips das Leben verändert. Es kann häßlichem Streit und Zank ein Ende bereiten. Wenn wir davon ausgehen, daß Dinge unterschiedlich beurteilt werden, wenn wir es als gegeben hinnehmen, daß andere Menschen anders handeln und auf die gleichen Reize auch anders reagieren, dann wird unser Mitgefühl für uns selbst und für andere zunehmen; wenn nicht, wird der Boden für Konflikte bereitet.

Ich lege es Ihnen dringend ans Herz, intensiv über die Tatsache, daß wir alle verschieden sind, nachzudenken und sie respektieren zu lernen. Dann wächst nicht nur die Liebe, die Sie für andere empfinden, sondern Sie werden auch Ihre eigene Einzigartigkeit mehr zu schätzen wissen.

45.

Entwickeln Sie Ihre eigenen Hilfsrituale

Wenn Sie wollen, daß Ihr Leben für Frieden und Freundlichkeit steht, dann sollten Sie auch friedvolle, freundliche Dinge tun. Eine der besten Methoden besteht für mich darin, meine eigenen Hilfsrituale zu entwickeln. Diese kleinen, freundlichen Gesten bieten Gelegenheit zum Dienst am Mitmenschen und erinnern uns daran, wie gut es sich anfühlt, nett und hilfsbereit zu sein.

Wir leben in einem ländlichen Teil der San Francisco Bay Area. Wir sind umgeben von der Schönheit der Natur. Eines beeinträchtigt diese Schönheit allerdings ungemein: der Abfall, den die Leute aus dem fahrenden Auto auf die Landstraßen werfen. Es zählt zu den wenigen Nachteilen des Lebens auf dem Lande, daß die öffentlichen Dienstleistungen, wie zum Beispiel die Müllbeseitigung, hier nicht so flächendeckend sind wie in der Stadt.

Eines meiner Hilfsrituale, das ich regelmäßig mit meinen zwei

Kindern ausführe, besteht darin, den Abfall in unserer Umgebung aufzusammeln. Das ist uns so in Fleisch und Blut übergegangen, daß meine Töchter unterwegs im Auto oft ganz aufgeregt zu mir sagen: »Da liegt Abfall, Daddy, halt an!« Und wenn wir Zeit haben, unterbrechen wir tatsächlich manchmal unsere Fahrt und nehmen den Müll mit. Es klingt vielleicht komisch, aber das macht uns richtig Spaß. Wir sammeln praktisch überall Abfall auf – in Parks, auf Bürgersteigen. Einmal habe ich sogar einen völlig fremden Mann beobachtet, wie er in unserer Straße Müll aufhob. Er lächelte mir zu und sagte: »Ich hab gesehen, wie Sie das machen, und dachte, das ist gar keine schlechte Idee.«
Das Sammeln von Abfall ist nur eines von zahllosen Hilfsritualen. Sie können auch anderen Leuten die Tür aufhalten, einsame alte Menschen im Seniorenheim besuchen, bei jemand anders Schnee schippen. Lassen Sie sich etwas einfallen, das wenig anstrengend, aber doch hilfreich ist. Es macht Spaß, bringt auch Ihnen einen Gewinn und dient als gutes Beispiel. Jeder profitiert dabei.

46.

Sagen Sie jeden Tag mindestens einem Menschen, was Sie an ihm mögen, bewundern oder schätzen

Wie oft denken Sie daran (oder nehmen sich die Zeit), einem anderen zu sagen, wie sehr Sie ihn mögen, bewundern oder schätzen? Die meisten von uns tun das nicht oft genug. Ja, wenn ich die Leute frage, wie oft sie von Herzen kommende Komplimente *empfangen*, bekomme ich nur zur Antwort: »Ich kann mich gar nicht erinnern, wann ich das letzte Mal so etwas gehört habe«, »Kaum einmal« und leider auch: »Nie«.

Es gibt mehrere Gründe, warum wir andere nicht von unseren positiven Gefühlen wissen lassen. Zur Entschuldigung sagt man mir etwa: »Sie brauchen das von mir nicht extra gesagt zu bekommen – sie wissen es eh schon«, und: »Ich bewundere sie wirklich, geniere mich aber, es laut zu sagen«. Wenn Sie sich jedoch bei den potentiellen Empfängern danach erkundigen, ob sie gerne ehrliche Komplimente und positives Feedback bekommen, lautet die Antwort bei neun von zehn: »Liebend gern.« Egal, ob Sie *nicht* regelmäßig Komplimente machen, weil Sie nicht wissen, was Sie sagen sollen, weil Sie sich genieren, weil Sie glauben, daß die anderen ihre Stärken sowieso schon kennen, oder einfach, weil Sie nicht daran gewöhnt sind – es ist an der Zeit, Ihr Verhalten zu ändern.

Jemandem zu sagen, was Sie an ihm mögen, bewundern oder schätzen, ist eine kleine Freundlichkeit. Sie kostet keine Mühe (sobald Sie sich daran gewöhnt haben), und doch kriegen Sie ungeheuer viel zurück. Viele Menschen wünschen sich ihr Leben lang, von anderen gewürdigt zu werden, vor allem von ihren Eltern, Ehepartnern, Kindern. Aber selbst ehrlich gemeinte Komplimente von Fremden sind etwas Schönes. Jemanden wissen zu lassen, was man über ihn denkt, vermittelt außerdem auch demjenigen ein schönes Gefühl, der ein Kompliment macht. Es ist eine warmherzige Geste. Sie bedeutet, daß Ihre Gedanken auf das gerichtet sind, was bei diesem Menschen gut ist. Und wenn die Gedanken positiv gefärbt sind, stellt sich innerer Friede ein.

Kürzlich war ich in einem Supermarkt und wurde Zeuge von unglaublicher Geduld. Die Kassiererin war gerade, ohne ersichtlichen Grund, von einem verärgerten Kunden fix und fertiggemacht worden. Statt genauso hitzig zu reagieren, entschärfte sie die Situation, indem sie ruhig blieb. Als ich an der Reihe war, für meine Einkäufe zu bezahlen, sagte ich zu ihr: »Es hat mich beeindruckt, wie Sie mit diesem Kunden umgegangen sind.« Sie sah mich an und erwiderte: »Danke, Sir. Wissen Sie, daß Sie der erste sind, der mir je in diesem Laden ein Kompliment gemacht hat?« Weniger als zwei Sekunden waren nötig, um ihr das zu sagen, aber es war für sie der Höhepunkt des Tages und für mich auch.

47.

Überwinden Sie die Zweifel an Ihren Fähigkeiten

Viele Menschen vergeuden große Mengen Energie, indem sie an ihren Fähigkeiten zweifeln: »Das kann ich nicht«, »Da kann nichts dagegen machen, so war ich schon immer«, »Ich werde nie eine liebevolle Beziehung haben« – und Tausende anderer entmutigender Aussagen.

Unser Verstand ist ein mächtiges Werkzeug. Wenn wir erst einmal zu dem Schluß gekommen sind, daß etwas wahr oder für uns unerreichbar ist, läßt sich diese selbsterrichtete Hürde nur äußerst schwer überwinden; denken wir über uns selbst so, ist es gar fast unmöglich. Nehmen wir an, Sie sagen sich: »Ich kann nicht schreiben.« Dann suchen Sie nach Beweisen für diese Aussage. Sie erinnern sich an schlechte Schulaufsätze oder auch daran, wie unwohl Sie sich beim letzten Mal gefühlt haben, als Sie einen Brief abfassen mußten. Sie überzeugen sich von Ihren eigenen Schwächen, bis Sie sich nicht mehr getrauen, es wenigstens einmal zu versuchen. Um aber Schriftsteller – oder auch etwas anderes – zu werden, müssen Sie zunächst Ihren eifrigsten Kritiker zur Ruhe bringen: sich selbst.

Eine Klientin erzählte mir einmal: »Ich werde nie eine gute Beziehung haben. Ich baue jedesmal Mist.« Und es stimmte. Immer, wenn sie jemanden kennenlernte, suchte sie, ohne es sich bewußt zu machen, nach Gründen, aus denen ihr neuer Partner sie verlassen könnte. Wenn sie zu spät zu einer Verabredung kam, erklärte sie ihm: »Ich bin immer unpünktlich.« Wenn sie sich stritten, sagte sie: »Ich bin ein schrecklicher Streithammel.« Irgendwann hatte sie ihn überzeugt, daß sie seine Liebe wirklich nicht wert war. Dann sagte sie zu sich: »Ich wußte es ja, so geht es jedesmal. Ich werde nie eine gute Beziehung führen können.«

Sie mußte lernen, damit aufzuhören, immer nur ihr Scheitern zu erwarten. Sie mußte sich dabei ertappen, wenn sie ihre eigenen Fähigkeiten anzweifelte. Sobald ihr ein Das-passiert-mir-immer herausrutschte, sollte sie sich sagen: »Das ist doch lächerlich. Das passiert mir *nicht* immer.« Sie mußte erkennen, daß das Zweifeln an ihren Fähigkeiten nur eine negative Angewohnheit war, die sie leicht durch eine positive ersetzen konnte. Heute geht es ihr viel besser. Wenn sie in ihre alte Verhaltensweise verfällt, lacht sie nun gewöhnlich über sich selbst.

Ich habe gelernt, daß ich selten enttäuscht werde, wenn ich die Zweifel an meinen Fähigkeiten überwinde. Ich nehme an, Ihnen wird es nicht anders gehen.

48.

Erkennen Sie: In allem zeigt sich Gottes Hand

Rabbi Harold Kushner weist darauf hin, daß allem, was Gott geschaffen hat, Heiligkeit innewohnt. Unsere Aufgabe als Menschen ist es, diese Heiligkeit in scheinbar unheiligen Situationen zu entdecken. Er meint, wenn wir das erst gelernt hätten, hätten wir auch gelernt, unserer Seele Gutes zu tun. Nun ist es ja nicht schwer, Gottes Schönheit in einem strahlenden Sonnenaufgang, einem schneebedeckten Berg, dem Lächeln eines Kindes, in Meereswogen zu sehen, die sanft auf einen Sandstrand ausrollen. Doch können wir lernen, diese Heiligkeit auch in anscheinend schrecklichen Situationen – schwierigen Lebenslagen, einer Familientragödie oder dem Kampf ums Überleben – zu entdecken?

Wenn unser Leben erfüllt ist von dem sehnlichen Wunsch, Heiligkeit in alltäglichen Dingen zu finden, vollzieht sich etwas Magisches: Es stellt sich ein Gefühl der Ruhe und des Friedens ein. Wir beginnen, die wohltuenden Aspekte des Daseins zu sehen, die uns zuvor verborgen geblieben waren. Erinnern wir uns daran, daß sich in allem Gottes Hand zeigt, wird aus allem etwas Besonderes. Sobald uns diese spirituelle Tatsache bewußt ist, wenn wir beispielsweise mit einem schwierigen Menschen zu tun haben oder gegen einen wachsenden Berg von Rechnungen ankämpfen, können wir über unsere Nasenspitze hinaussehen. Wir erkennen, daß Gott auch diesen schwierigen Menschen geschaffen hat, mit dem wir uns nun abplagen; daß wir trotz der zahlreichen Rechnungen wahrhaft gesegnet sind durch das, was wir haben.

Versuchen Sie im Hinterkopf zu behalten, daß alles die Handschrift Gottes trägt. Falls wir die Schönheit in etwas nicht entdecken können, heißt das noch lange nicht, daß sie nicht existiert. Es bedeutet vielmehr, daß wir nicht sorgfältig genug danach suchen oder zu engstirnig sind, sie wahrzunehmen.

49.

Widerstehen Sie dem Bedürfnis zu kritisieren

Wenn wir einen anderen Menschen zurechtweisen oder kritisieren, sagt das nichts über den Betreffenden aus; es wirft nur ein Licht auf unser Bedürfnis, Kritik zu äußern.

Wenn Sie zu einer Versammlung gehen und sich all die Kritik anhören, mit der die Leute sich gegenseitig bedenken, und sich dann zu Hause überlegen, wieviel diese Kritik tatsächlich dazu beiträgt, unsere Welt zu verbessern, dann werden Sie wahrscheinlich zu dem gleichen Schluß kommen wie ich: absolut gar nicht. Aber das ist noch nicht alles. Kritik führt nicht nur zu nichts, sie schafft auch Aggression und Mißtrauen in unserer Welt. Schließlich läßt sich keiner von uns gern kritisieren.

Gewöhnlich reagieren wir auf Kritik, indem wir uns aus Angst oder Scham innerlich zurückziehen oder zum Gegenangriff übergehen. Oder haben Sie schon einmal jemanden kritisiert, der daraufhin gesagt hat: »Ich danke Ihnen vielmals dafür, daß

Sie mich auf meine Fehler hingewiesen haben. Ich weiß das wirklich zu schätzen«?

Wie Fluchen ist Kritik im Grunde nichts weiter als eine schlechte Angewohnheit. Wir haben uns daran gewöhnt, wir kennen das Gefühl, wir haben etwas zu tun, wir bekommen Stoff für Auseinandersetzungen.

Wenn Sie jedoch einmal genau beobachten, wie es Ihnen geht, unmittelbar nachdem Sie jemanden kritisiert haben, werden Sie feststellen, daß Sie sich ein wenig gedämpft und beschämt fühlen, fast als seien *Sie* es gewesen, der angegriffen wurde. Der Grund dafür liegt darin, daß wir, indem wir kritisieren, der Welt und uns verkünden: »Ich brauche das, andere zu kritisieren.« Und das ist nichts, worauf wir stolz sein könnten.

Die Lösung besteht darin, sich rechtzeitig beim Kritisieren zu ertappen. Achten Sie einmal darauf, wie oft Sie Kritik äußern und wie schlecht Sie sich dabei fühlen. Ich möchte, daß Sie das einfach als Spiel betrachten. Ich selbst habe noch häufig das Bedürfnis, jemanden zu kritisieren, aber sobald mir das bewußt wird, sage ich mir: »Jetzt tust du das schon wieder.« In der Mehrzahl der Fälle, so hoffe ich, verwandelt sich meine Kritik dann in Toleranz und Respekt.

50.

Notieren Sie Ihre fünf engstirnigsten Standpunkte und versuchen Sie, ob Sie nicht weniger stur sein können

Als ich diese Strategie zum ersten Mal ausprobierte, war ich so stur zu behaupten, überhaupt nicht stur zu sein! Durch mein Bemühen, ein sanfterer Mensch zu werden, ist es mir mit der Zeit aber immer leichter gefallen, meine Engstirnigkeit zu erkennen.

Hier sind ein paar Beispiele von meinen Klienten: »Leute, die nie gestreßt sind, sind faul.« – »Meine Vorgehensweise ist die einzig richtige.« – »Männer können nicht gut zuhören.« – »Frauen geben zuviel Geld aus.« – »Kinder bedeuten zuviel Arbeit.« Sie sehen, daß sich diese Liste unendlich verlängern ließe. Es geht hier aber nicht darum, bei welchem Thema Sie stur sind, sondern um die Tatsache, daß Sie engstirnig an einem einmal gefaßten Urteil festhalten.

Es ist aber kein Zeichen von Schwäche, wenn Sie Ihre starre Position aufgeben. Im Gegenteil, es macht Sie stärker. Ich habe einen Klienten, der hartnäckig, ja in schon beleidigender Weise darauf bestand, daß seine Frau zuviel Geld ausgab. Als er ein wenig lockerer wurde und seine eigene Starrheit erkannte, machte er eine Entdeckung, die ihm heute noch fast peinlich ist, selbst wenn er nun darüber lachen kann. Er fand nämlich heraus, daß er in Wirklichkeit *mehr* Geld für sich ausgab als seine Frau! Seine Fähigkeit, eine Situation einzuschätzen, war durch seine starre Haltung verzerrt worden. Seine Ehe hat, indem er klüger und sanfter geworden ist, immens gewonnen. Statt seiner Frau unberechtigte Vorwürfe zu machen, weiß er jetzt ihre Zurückhaltung zu schätzen. Seine Frau wiederum spürt seine neue wohlwollende Haltung und Anerkennung und liebt ihn noch mehr als zuvor.

51.

Stimmen Sie, nur zum Spass, einer an Ihnen geäusserten Kritik zu (und sehen Sie zu, wie sie sich in Nichts auflöst)

Nur zu oft lassen wir uns durch die geringste Kritik aus dem Konzept bringen. Wir betrachten sie als Katastrophe und verteidigen uns, als befänden wir uns in einer Schlacht. In Wirklichkeit ist Kritik jedoch nichts weiter als die von unserem Selbstbild abweichende Meinung eines anderen Menschen über uns, unser Handeln oder unsere Sichtweise. Was soll's also.

Wenn wir auf Kritik automatisch mit einem Gegenangriff reagieren, tut das weh. Wir fühlen uns bedroht und verspüren das Verlangen, uns zu verteidigen oder Gegenkritik zu äußern. Unser Kopf ist voll von wütenden oder verletzten Gedanken, die sich gegen uns oder den Kritiker richten. All dies kostet uns enorme geistige Kraft. Eine unglaublich hilfreiche Übung besteht darin, der gegen Sie gerichteten Kritik einfach zuzustimmen. Ich will damit nicht sagen, daß Sie allen gegen Sie gerichteten Aussagen Glauben schenken, andere auf sich herumtrampeln oder Sie sich Ihr Selbstwertgefühl ruinieren lassen sollen. Aber oft wird ein

Konflikt entschärft, indem man die Kritik annimmt. Das Bedürfnis des anderen, seinen Standpunkt zu äußern, wird befriedigt, und Sie bekommen eine Chance, etwas über sich selbst zu erfahren, indem Sie ruhig bleiben und ein Körnchen Wahrheit in der Meinung des anderen entdecken.

Eine der ersten Gelegenheiten, bei denen ich bewußt der gegen mich gerichteten Kritik zustimmte, war vor vielen Jahren, als meine Frau einmal zu mir sagte: »Manchmal redest du zuviel.« Ich weiß noch, daß ich einen Augenblick lang zutiefst betroffen war, bis ich beschloß, ihr recht zu geben. Ich antwortete ihr: »Das stimmt, ich rede manchmal tatsächlich zuviel.« So entdeckte ich etwas, das mein Leben veränderte: Meine Zustimmung ermöglichte es mir zu erkennen, wie recht sie hatte. Ich rede tatsächlich oft zuviel! Wichtiger noch: Durch meine inoffensive Haltung konnte sie sich entspannen. Wenige Minuten später meinte sie: »Weißt du, mit dir kann man wirklich gut reden.« Ich bezweifle, daß sie das gesagt hätte, wenn ich auf ihre Bemerkung hin wütend geworden wäre.

Ich habe inzwischen gelernt, daß Kritik, auf die man wie auf einen Angriff reagiert, kein Ende nimmt. Ja, negative Reaktionen auf Kritik bestärken denjenigen, der sie geäußert hat, sogar noch darin, daß seine Einschätzung richtig war.

Versuchen Sie es einmal mit dieser Strategie. Sie werden sicher feststellen, daß man mehr gewinnt als verliert, wenn man Kritik gelegentlich auch einmal zustimmt.

52.

Finden Sie das Körnchen Wahrheit in den Ansichten anderer

Wenn Sie gerne lernen und gerne andere Menschen glücklich machen, wird diese Idee sicher bei Ihnen Gefallen finden.
Fast jeder ist überzeugt, daß seine Ansichten sinnvoll sind, denn sonst würde er sie Ihnen ja nicht mitteilen. Etwas sehr Destruktives ist es jedoch, die Meinung eines anderen mit der eigenen zu vergleichen und sie, wenn sie nicht in unser Denkschema paßt, als fehlerhaft oder wertlos abzutun. Wir sind dann von Selbstgefälligkeit erfüllt, der andere fühlt sich herabgesetzt, und lernen können wir gar nichts dabei.
In fast jeder Ansicht läßt sich jedoch etwas Gutes finden, wenn man nur nach den positiven Aspekten sucht und sich nicht auf die Mängel konzentriert. Wenn Ihnen das nächste Mal jemand seine Meinung mitteilt, dann versuchen Sie also, statt sie zu verurteilen, ein Körnchen Wahrheit darin zu finden.
Und wenn Sie selbst die Ansichten eines anderen kritisieren, sagt das bekanntlich *überhaupt nichts* über denjenigen aus, aber

eine ganze Menge über Ihr eigenes Bedürfnis – wir haben diesen Mechanismus schon öfter besprochen.
Ich ertappe mich noch immer dabei, daß ich die Ansichten anderer bewerte, allerdings weitaus seltener als früher. Neu ist jedoch meine Absicht, in der Meinung anderer das besagte Körnchen Wahrheit zu finden. Wenn Sie dieser einfachen Strategie folgen, können Sie nur gewinnen. Sie beginnen diejenigen, mit denen Sie interagieren, zu verstehen, andere werden durch Ihre tolerante und liebende Energie angezogen, Sie können viel dazulernen und, was noch wichtiger ist, Sie werden zufriedener mit sich selbst.

53.

Erkennen Sie: Das Glas ist schon zerbrochen (und alles andere auch)

Es handelt sich hier um einen buddhistischen Denkansatz, mit dem ich vor mehr als zwanzig Jahren in Berührung gekommen bin. Er hat mir immer wieder dabei geholfen, meinem Ziel, toleranter zu werden, näher zu kommen.

Der Kern dieser Lehre ist, daß alles Leben sich in einem ständigen Wandel befindet. Jeder Baum besteht aus einem Samen und verwandelt sich schließlich in Erde zurück; jeder Stein formiert sich, um wieder zu zerfallen. Auf unsere moderne Welt übertragen, bedeutet dies, daß jedes Auto, jede Maschine, jedes Kleidungsstück geschaffen wird, sich abnutzt und schließlich verrottet; es ist nur eine Frage der Zeit. Unser Körper wird geboren und stirbt. Ein Glas wird hergestellt und zerbricht irgendwann. In dieser Lehre wohnt Friede. Wenn Sie erwarten, daß etwas kaputtgeht, sind Sie nicht überrascht oder enttäuscht, wenn es soweit ist. Anstatt sich lähmen zu lassen, wenn etwas zerstört wird, sind Sie dankbar für die Zeit, die Ihnen damit vergönnt war.

Am besten beginnt man seine Übung mit einfachen Dingen, zum Beispiel einem Wasserglas. Holen Sie Ihr Lieblingsglas. Schauen Sie es sich eine Weile an, bewundern Sie seine Schönheit und überlegen Sie sich, was es Ihnen bedeutet. Jetzt stellen Sie sich vor, das Glas sei schon kaputt, ein Scherbenhaufen auf dem Fußboden. Versuchen Sie, dieses Bild immer im Hinterkopf zu behalten, stets zu bedenken, daß mit der Zeit alles vergeht und zu seiner anfänglichen Form zurückkehrt.
Natürlich wünscht sich niemand, daß sein Lieblingsglas kaputtgeht, geschweige denn etwas Wichtigeres. Diese Philosophie ist keine Anleitung zu Passivität und Apathie, sondern soll bewirken, daß man die Dinge so akzeptiert, wie sie sind. Wenn Ihr Glas tatsächlich zerbricht, vermittelt Ihnen diese Philosophie die richtige Einstellung. Anstatt zu denken: »Verflixt noch mal«, stellen Sie nur fest: »Ja, nun ist es dahin.« Spielen Sie mit diesem Bewußtsein und Sie werden nicht nur die Ruhe bewahren, sondern das Leben mehr schätzen lernen als je zuvor.

54.

Verinnerlichen Sie den Satz: Wohin ich auch gehe – ich bin schon da

So lautet der Titel eines bemerkenswerten Buches von Jon Kabat-Zinn. Er bedeutet: egal, wohin Sie gehen, Sie nehmen sich mit! Diese wichtige Aussage lehrt uns, uns nicht ständig zu wünschen, irgendwo anders zu sein. Wir neigen dazu zu glauben, daß wir irgendwo anders – im Urlaub, mit einem anderen Partner, in einem anderen Beruf, in einer anderen Wohnung – zufriedener und glücklicher wären. Wir wären es nicht!

Wenn Sie nämlich destruktive mentale Angewohnheiten haben, Sie sich schnell ärgern oder aufregen, Sie häufig wütend oder frustriert sind oder sich dauernd wünschen, daß alles anders wäre, werden Ihnen ebendiese Angewohnheiten folgen, wohin Sie auch gehen. Aber auch das Gegenteil trifft zu. Falls Sie ein im allgemeinen glücklicher Mensch sind, der sich selten ärgert oder aufregt, dann können Sie mit sehr geringen negativen Auswirkungen von Ort zu Ort ziehen, von Person zu Person.

Mich fragte einmal ein Mann: »Wie sind die Menschen in Kalifornien denn so?« Ich fragte zurück: »Wie sind denn die Menschen in Ihrem Heimatstaat?« Er erwiderte: »Egoistisch und habgierig.« Ich sagte ihm, daß er die Menschen in Kalifornien wahrscheinlich egoistisch und habgierig finden würde.

Etwas Wundervolles entfaltet sich, wenn wir uns bewußtmachen, daß das Leben, wie ein Auto, von innen gelenkt wird und nicht umgekehrt. Wenn Sie sich darauf konzentrieren, Ihren Frieden zu finden, wo Sie sind, statt ständig daran zu denken, wo Sie lieber wären, können Sie im Hier und Jetzt zur Ruhe kommen. Wenn Sie dann umziehen, Neues ausprobieren oder neue Menschen kennenlernen, tragen Sie dieses Gefühl inneren Friedens immer mit sich. Es stimmt hundertprozentig: Wohin ich auch gehe – ich bin schon da.

55.

Atmen Sie tief durch, bevor Sie antworten

Diese einfache Strategie hat bei so gut wie jedem, der sie ausprobiert hat, zu bemerkenswerten Ergebnissen geführt. Fast unmittelbar stellen sich größere Geduld, eine erweiterte Perspektive und als Dreingabe auch mehr Dankbarkeit und Respekt von seiten Ihrer Mitmenschen ein.

Die Strategie selbst ist erstaunlich simpel. Sie müssen nichts weiter tun, als eine kleine Pause – einen Atemzug – machen, sobald Ihr Gesprächspartner zu Ende geredet hat. Anfangs mag Ihnen diese Pause ja wie eine halbe Ewigkeit erscheinen, aber in Wirklichkeit umfaßt sie nicht mehr als den Bruchteil einer Sekunde. Sie werden sich an die gewaltige Kraft und Schönheit des Atmens gewöhnen und beides bald zu schätzen wissen. Es wird Sie nahezu jedem Menschen, mit dem Sie es zu tun bekommen, näher bringen und Ihnen seinen Respekt eintragen. Sie werden sehen, daß aufrichtiges Zuhören eines der seltensten und wertvollsten Geschenke ist, die Sie überhaupt machen können. Sie brauchen nichts weiter als den Willen dazu und etwas Übung.

Sicher ist Ihnen bei Unterhaltungen in Ihrer Umgebung schon aufgefallen, daß viele von uns oft nur auf ihre Chance zum Reden warten. Wir hören unserem Gegenüber nicht wirklich zu, sondern wollen nur unsere Ansichten vorbringen. Oft führen wir auch die Sätze anderer zu Ende oder geben mit »Ja, ja« oder: »Ich weiß« eine hastige Zustimmung ab, um den anderen anzutreiben. Schließlich wollen wir ja möglichst schnell unsere eigene Meinung anbringen. Gespräche gleichen dann manchmal eher einem Gefecht oder dem Hin- und Herschlagen von Pingpongbällen; keiner hat seine Freude daran oder will etwas lernen.

Diese aggressive Form der Kommunikation führt dazu, daß wir Ansichten kritisieren, überreagieren, Inhalte mißverstehen, falsche Motive unterstellen und uns eine Meinung bilden, noch ehe unser Gesprächspartner überhaupt ausgeredet hat. Kein Wunder, daß wir uns oft übereinander ärgern, gereizt werden. Bei unserer Unfähigkeit zum Zuhören grenzt es schon an ein Wunder, daß wir überhaupt noch Freunde haben!

Ich warte einen Großteil meines Lebens darauf, bis ich an der Reihe bin zu sprechen. Falls Sie mir ähnlich sind, werden Sie angenehm überrascht sein über die sanften Reaktionen und überraschten Blicke, wenn Sie andere ihre Gedanken zu Ende führen lassen, ehe Sie die Ihren vorbringen. Oft geben Sie einem

Menschen damit zum ersten Mal das Gefühl, daß man ihm richtig zuhört. Sie werden spüren, mit welcher Erleichterung Ihr Gegenüber reagiert, welch eine ruhige, weniger gehetzte Atmosphäre zwischen Ihnen beiden entsteht. Und keine Sorge, daß Sie vielleicht nicht zu Wort kommen könnten. Im Gegenteil, Sie werden sogar noch gewinnen, weil nämlich Ihre Gesprächspartner Ihren Respekt und Ihre Geduld aufgreifen und erwidern.

56.

Seien Sie dankbar, wenn Sie sich wohl fühlen, und gelassen, wenn es Ihnen schlechtgeht

Auch der glücklichste Mensch auf Erden ist nicht konstant glücklich. Ja, auch die Glücklichsten kennen Niedergeschlagenheit, Probleme, Enttäuschungen und Kummer. Der Unterschied zwischen einem glücklichen und unglücklichen Menschen besteht nicht darin, in welchen Ausmaß oder wie oft sich jemand schlecht fühlt, sondern darin, wie er mit seiner Niedergeschlagenheit umgeht. Wie verhalten Sie sich bei Stimmungsschwankungen?

Die meisten tun genau das Falsche. Wenn sie sich elend fühlen, krempeln sie die Hemdsärmel auf und machen sich an die Arbeit. Sie nehmen ihre Mißstimmung sehr ernst und versuchen, herauszufinden und zu analysieren, was denn da wohl nicht stimmt. Sie wollen sich aus ihrer schlechten Verfassung herauskatapultieren, was aber das Problem, anstatt es zu lösen, noch verschärft.

Beobachten Sie einmal gelassene, ruhige Menschen, dann werden Sie sehen, daß diese sehr dankbar sind, wenn sie sich wohl fühlen. Sie haben erkannt, daß positive wie auch negative Gefühle kommen und gehen, daß also auch wieder eine Zeit kommen wird, da sie sich nicht so gut fühlen werden. Für glückliche Menschen stellt das kein Problem dar; sie akzeptieren die Zwangsläufigkeit von Stimmungswechseln. Wenn sie deprimiert, ärgerlich oder gestreßt sind, gehen sie damit ebenso offen und klug um. Statt gegen ihre Gefühle anzukämpfen und in Panik zu geraten, nur weil es ihnen nicht so besonders gutgeht, nehmen sie ihre unschönen Gefühle in dem Wissen an, daß sie auch wieder vergehen werden. Anstatt also gegen ihre negativen Empfindungen anzukämpfen, üben Sie sich in Gelassenheit. Das erlaubt ihnen, sanft und ruhig aus einer negativen Verfassung in eine positive überzuwechseln. Einer der glücklichsten Menschen in meinem Bekanntenkreis ist jemand, der auch von Zeit zu Zeit ein Tief durchmacht. Der Unterschied liegt offensichtlich darin, daß er sich damit abgefunden hat, auch einmal in schlechter Stimmung zu sein. Man gewinnt fast den Eindruck, als ließe ihn das kalt, weil er weiß, daß er ja schon bald wieder fröhlich sein wird. Für ihn ist das alles kein Grund zur Aufregung.

Wenn Sie sich einmal wieder schlecht fühlen, dann gehen Sie nicht dagegen an, sondern entspannen Sie sich. Versuchen Sie, gelassen und ruhig zu bleiben, anstatt in Panik zu verfallen. Wenn Sie Ihre negativen Gefühle nicht bekämpfen, werden sie so sicher vergehen, wie der Morgen auf die Nacht folgt.

57.

Fahren Sie weniger aggressiv Auto

Wann sind Sie am angespanntesten? Wenn es Ihnen ergeht wie den meisten Menschen, dann steht das Autofahren vermutlich so ziemlich an erster Stelle. Und betrachtet man die heutigen Autobahnen, so könnte man auch meinen, auf einer Rennstrecke zu sein und nicht auf einer normalen Straße.
Es gibt drei wichtige Gründe, warum man weniger aggressiv fahren sollte. Erstens: Wenn Sie aggressiv sind, bringen Sie sich selbst und andere in höchste Gefahr. Zweitens: Ein aggressiver Fahrstil verursacht extremen Streß. Ihr Blutdruck steigt an, Sie umklammern das Lenkrad fester, Ihre Augen sind angestrengt, und Ihre Gedanken wirbeln unkontrolliert in Ihrem Kopf herum. Drittens: Sie sparen keinerlei Zeit, um an Ihr Fahrziel zu gelangen.
Kürzlich fuhr ich von Oakland nach San Jose. Es herrschte dichter Verkehr, aber kein Stau. Ich bemerkte einen extrem aggressiven, wütenden Autofahrer, der ein- und ausscherte,

beschleunigte und wieder abstoppte. Ganz offensichtlich war er in Eile. Ich blieb fast die gesamten fünfundsechzig Kilometer in der gleichen Spur, hörte mir eine neue Kassette an, die ich gerade gekauft hatte, und träumte vor mich hin. Ich genoß die Fahrt sehr, weil mir Autofahren die Gelegenheit gibt, allein zu sein. Ich bog gerade von der Autobahn ab, als der aggressive Fahrer hinter mir heranschoß und mich überholte. Ohne es zu merken, war ich tatsächlich *vor* ihm in San Jose angekommen. Sein ständiger Fahrbahnwechsel, sein schnelles Beschleunigen und Gefährden von Familien hatte ihm nichts gebracht, außer vielleicht Bluthochdruck und eine ziemliche Abnutzung seines Fahrzeugs. Im Durchschnitt waren wir mit der gleichen Geschwindigkeit gefahren.

Dieses Prinzip gilt auch, wenn Fahrer aufs Gaspedal drücken, um Sie bei der nächsten Ampel abzuhängen. Rasen zahlt sich einfach nicht aus. Vor allem nicht, wenn Sie einen Strafzettel erhalten und sich einer Nachschulung unterziehen müssen. Sie müssen jahrelang rasen, um allein diese Zeit wieder wettzumachen!

Wenn Sie bewußt den Entschluß fassen, weniger aggressiv zu fahren, beginnen Sie, die Zeit im Auto für Ihre Entspannung zu nutzen. Versuchen Sie, Autofahrten nicht nur als Bewältigung von Entfernungen zu sehen, sondern als eine Chance, durchzuatmen und nachzudenken. Lockern Sie Ihre Muskeln, anstatt sie zu verkrampfen. Ich habe immer ein paar Kassetten dabei, die sich speziell mit Muskelentspannung beschäftigen. Manchmal lege ich eine ein und höre sie mir an. Wenn ich dann mein Ziel erreiche, bin ich erholter als vor der Fahrt.

Im Laufe Ihres Lebens werden Sie bestimmt eine Menge Zeit im Auto verbringen. Sie können diese Stunden frustriert vergeuden oder sie geschickt für sich nutzen. Wenn Sie sich für letzteres entscheiden, werden Sie weitaus entspannter sein.

58.

Entspannen Sie sich

Was heißt das eigentlich, sich entspannen? Obwohl wir diesen Ausdruck im Laufe unseres Lebens schon tausendmal gehört haben, haben nur wenige intensiv darüber nachgedacht, was damit wirklich gemeint ist.

Wenn Sie andere fragen (wie ich es oft tue), was Entspannung bedeutet, verweist die Antwort der meisten auf etwas, was man irgendwann später zu tun gedenkt – in den Ferien, nach der Pensionierung oder nachdem man etwas erledigt hat. Das impliziert natürlich, daß der größte Teil der Zeit (die »restlichen« 95 Prozent des Lebens) in Nervosität, Erregung und Hetze verbracht werden. Die wenigsten sprechen das offen aus, aber es ist doch ganz offensichtlich so. Könnte das erklären, warum man bei den meisten von uns den Eindruck gewinnt, das Leben stelle einen einzigen, großen Notfall dar? Wir verschieben unsere Entspannung, bis der Korb mit »Eingängen« leer ist. Und natürlich ist er das nie.

Es hilft, Entspannung als eine Eigenschaft des Herzens zu betrachten, zu der Sie regelmäßigen Zugriff haben, und nicht als etwas für irgendwann später. Sie können sich *jetzt* entspannen. Entspannte Menschen können dennoch große Leistungen erbringen, ja, es gehen Entspannung und Kreativität Hand in Hand. Wenn ich nervös bin, versuche ich erst gar nicht zu schreiben. Aber wenn ich mich entspannt fühle, fließen mir die Sätze leicht und flüssig aus der Feder beziehungsweise in die Tasten.

Entspannung erreichen Sie, indem Sie sich angewöhnen, mit den Dramen des Lebens anders umzugehen – aus einem Elefanten eine Mücke zu machen. Dazu müssen Sie sich immer wieder (mit liebevoller, freundlicher Geduld) daran erinnern, daß es in Ihrer Hand liegt, wie Sie auf das Leben reagieren. Sie können lernen, sowohl auf Ihr Denken als auch auf Ihre Lebensumstände anders einzugehen. Mit ein bißchen Übung werden Sie dadurch ein entspannterer Mensch.

59.

Adoptieren Sie per Post ein Kind

Es liegt mir fern, hier Reklame für bestimmte Organisationen zu machen, aber ich muß sagen, daß meine Erfahrungen mit der Adoption von Kindern per Post durchweg positiv sind. Nein, Sie adoptieren natürlich nicht *wirklich* ein Kind, aber Sie übernehmen eine Patenschaft, helfen einem Kind weiter und lernen es gleichzeitig ein wenig kennen. Diese Erfahrung hat unserer ganzen Familie außerordentliche Freude und Befriedigung gebracht. Meine sechsjährige Tochter hat nämlich ein Patenkind. Das macht ihr nicht nur Spaß, sondern sie kann auch viel dabei lernen. Die beiden schreiben sich regelmäßig und malen Bilder, die wir dann aufhängen. Etwas über das Leben ihrer Freundin zu erfahren, ist für beide eine Bereicherung.

Jeden Monat spenden wir der Vermittlungsstelle, die die Kinder unterstützt, einen kleinen Betrag. Das Geld dient dazu, den Kindern und ihren Eltern mit dem Lebensnotwendigsten zu helfen, so daß diese Kinder zum Beispiel zur Schule gehen können.

Ich glaube, wir haben soviel Freude an dieser Art des Gebens, weil die Beziehung wechselseitig ist. Oft ist einem, wenn man einer Wohltätigkeitsorganisation etwas spendet, nicht bekannt, welchem Zweck das Geld genau zugeführt wird. Hier weiß man nicht nur, wer es erhält, sondern lernt die Betreffenden sogar kennen. Außerdem zeigt uns die Regelmäßigkeit der Beziehung, wie glücklich wir uns schätzen dürfen, daß wir in der Lage sind zu helfen. Bei mir und bei vielen Menschen, die ich kenne, weckt diese Art des Gebens Gefühle der Dankbarkeit.

Organisationen, an die man sich in Deutschland wegen derartiger Patenschaften wenden kann, sind: SOS-Kinderdorf e. V., Renatastr. 77, 80639 München, oder der Hermann-Gemeiner-Fond Deutschland e. V., Menzinger Straße 23, 80638 München; oder in Österreich: SOS-Kinderdorf International, Patenbüro, Billrothstr. 22, A-1190 Wien.

60.

Machen Sie aus Ihrem Schauerstück ein Rührstück

In mancher Hinsicht wird mit dieser Strategie nichts anderes gesagt als: »sich bloß nicht verrückt machen lassen«. Viele von uns leben, als sei ihr Dasein ein Melodrama – »ein Schauspiel mit rührenden oder schaurigen Effekten, in dem Handlung und Plot Vorrang haben«. Kommt Ihnen das bekannt vor? Wir dramatisieren, bauschen auf und machen aus einer Mücke einen Elefanten. Wir vergessen, daß das Leben gar nicht so schlecht ist, wie es uns vorkommt. Und wir übersehen auch, daß *wir* diejenigen sind, die aus Kleinigkeiten Katastrophen machen.

Ich habe gelernt, daß ich mich schon beruhigen kann, indem ich mir bewußtmache, daß das Leben keine Seifenoper sein muß. Wenn ich mich zu ernst nehme oder zu sehr aufrege (was mir häufiger passiert, als mir lieb ist), sage ich zu mir: »Jetzt ist es mal wieder soweit. Die Seifenoper beginnt.« Das bremst mich fast immer in meinen heftigen Reaktionen und hilft mir, über mich selbst zu lachen. Oft ermöglicht mir diese einfache Ermahnung auch, auf ein friedlicheres Programm umzuschalten. Mein Schauerstück verwandelt sich in ein Rührstück.

Wenn Sie schon einmal eine Seifenoper gesehen haben, dann wissen Sie, daß die Figuren sämtliche Kleinigkeiten so ernst nehmen, daß sie sich damit ihr Dasein verderben. Jemand sagt beispielsweise etwas Beleidigendes zu ihnen, schaut sie scheel an oder flirtet mit ihrem Ehepartner. Ihre Reaktion läuft dann nach folgendem Schema ab: »O nein, wie konnte es nur dazu kommen?« heißt es zuerst. Dann wird das Problem noch verschärft, indem sie mit anderen darüber sprechen, »wie schrecklich das alles ist«. Sie machen aus dem Leben einen Notfall – ein Melodrama.

Wenn Sie sich mal wieder gestreßt fühlen, dann versuchen Sie es mit dieser Strategie. Halten Sie sich vor Augen, daß das Leben kein Notfall ist und machen Sie aus Ihrem Melodrama, Ihrem Schauerstück, ein Rührstück.

61.

Lesen Sie Artikel und Bücher, in denen Standpunkte vertreten werden, die völlig konträr zu den Ihren sind, und versuchen Sie, daraus zu lernen

Ist Ihnen schon einmal aufgefallen, daß praktisch alles, was Sie lesen, Ihre eigenen Meinungen und Ansichten rechtfertigt und bestärkt? Dasselbe gilt für unsere Auswahl von Radio- und Fernsehsendungen. Bei Amerikas beliebtester Radio-Talkshow stellen Anrufer sich oft als »Dito« vor, was heißen soll, daß sie mit allem übereinstimmen, was gesagt wurde. Ob liberal oder konservativ – wir sind alle gleich. Wir bilden uns eine Meinung und verwenden dann den Rest unseres Lebens darauf zu bestätigen, was wir für richtig halten. Diese Engstirnigkeit ist bedauerlich, denn wir könnten enorm viel aus Standpunkten lernen, die von den unsrigen abweichen. Außerdem schafft diese Sturheit, die nötig ist, um Herz und Verstand gegen Neues zu verschließen, sehr viel inneren Streß. Schließlich kämpft man ständig dagegen an, etwas anderes an sich heranzulassen. Wir vergessen, daß wir alle gleichermaßen davon überzeugt sind, daß unsere Sichtweise der Welt die einzig richtige ist. Wir

übersehen, daß zwei Menschen, die sich uneins sind, zum Beweis für die Richtigkeit ihres Standpunkts oft haargenau die gleichen Beispiele heranziehen – und beide Seiten können sehr wortgewandt und überzeugend sein.
Wenn man das weiß, kann man entweder noch sturer werden und sich sagen: »Jetzt erst recht«, oder man kann seine Starrheit aufgeben und es einmal anders probieren. Lesen Sie – egal, wie Ihre grundsätzliche Einstellung ist – ein paar Minuten am Tag Artikel oder Bücher, in denen ein anderer Standpunkt vertreten wird. Sie müssen deshalb Ihre tiefsten Überzeugungen nicht verändern, nein, Sie erweitern nur Ihren gedanklichen Horizont und öffnen Ihr Herz neuen Ideen. Durch diese Offenheit verringert sich der Streß, der entsteht, wenn man mit aller Macht andere Auffassungen von sich fernhält. Abgesehen davon, daß Sie so viel Interessantes erfahren, hilft diese Übung Ihnen auch, die Unschuld in anderen zu erkennen und geduldiger zu werden. Sie werden entspannter, gelassener, weil Sie die Logik hinter anderen Standpunkten spüren. Meine Frau und ich haben äußerst konservative wie auch sehr liberale Zeitschriften abonniert. Ich denke, sie haben unseren Horizont erweitert.

62.

Widmen Sie sich immer nur einer Sache

Kürzlich fiel mir auf der Autobahn ein Mann auf, der sich, während er auf der Überholspur fuhr, rasierte, Kaffee trank und die Zeitung las. »Wunderbar«, dachte ich, denn genau an diesem Morgen hatte ich nach einem passenden Beispiel für den Wahnsinn unserer hektischen Gesellschaft gesucht.
Wie oft versuchen wir, mehrere Dinge zugleich zu erledigen. Wir haben Handys, die uns das Leben eigentlich erleichtern sollen, es in vieler Hinsicht aber nur noch komplizierter machen. Meine Frau und ich waren vor einer Weile bei einer Freundin zum Essen eingeladen und bekamen mit, wie sie gleichzeitig telefonierte, jemanden an der Tür begrüßte, nach dem Essen sah und ihrer Tochter die Windeln wechselte (natürlich nachdem sie sich die Hände gewaschen hatte)! Vielen von uns geht es genauso, wenn ihre Gedanken zu wandern anfangen, während sie sich mit jemandem unterhalten, oder wenn sie drei, vier Dinge gleichzeitig tun.

Wenn Sie zuviel auf einmal erledigen wollen, ist es unmöglich, sich dem gegenwärtigen Augenblick zu widmen. Es entgeht Ihnen so nicht nur die Freude an dem, was Sie gerade tun, sondern Sie sind auch weitaus weniger konzentriert und effektiv.

Eine interessante Übung besteht darin, ganz gezielt nur eine einzige Sache auszuführen. Versuchen Sie, ob Sie nun den Abwasch machen, telefonieren, Auto fahren, mit Ihrem Kind spielen, mit Ihrer Frau oder Ihrem Mann sprechen oder auch eine Zeitung lesen, sich ausschließlich darauf zu konzentrieren. Seien Sie völlig präsent im Jetzt. Zwei Dinge werden passieren. Erstens: Sie werden tatsächlich Spaß an dem haben, was Sie gerade tun, selbst bei etwas so Banalem wie Teller waschen oder Kleiderschrank aufräumen. Wenn Sie nicht abgelenkt sind, können Sie ganz in Ihrer Tätigkeit aufgehen, und sie wird plötzlich interessanter. Zweitens: Sie werden verblüfft sein, wie schnell und effektiv Sie alles erledigen. Seit ich mich mehr auf das Jetzt konzentriere, haben sich meine Fähigkeiten in fast allen Bereichen meines Lebens weiterentwickelt – vom Schreiben und Lesen bis zum Hausputz und Telefonieren. Das können Sie auch. Alles beginnt mit Ihrem Entschluß, sich nur noch einer Sache zu widmen.

63.

ZÄHLEN SIE BIS ZEHN

Als ich noch ein Kind war, zählte mein Vater immer laut bis zehn, wenn er sich über meine Schwestern und mich ärgerte. Es war eine Strategie, die er im Verein mit vielen anderen Eltern anwandte, um sich erst einmal zu beruhigen, bevor er über den nächsten Schritt nachdachte.

Ich habe diese Strategie noch verfeinert, indem ich sie durch tiefes Durchatmen erweitert habe. Tun Sie folgendes: Wenn Sie Zorn in sich aufsteigen spüren, dann atmen Sie tief und gründlich ein und sagen dabei die Zahl eins. Dann atmen Sie aus, wobei Sie den ganzen Körper entspannen. Wiederholen Sie die Prozedur mit der Zahl zwei, und so weiter, *mindestens* bis zehn (falls Sie wirklich zornig sind, sollten Sie bis fünfundzwanzig weitermachen). Mit dieser Übung, die fast wie eine Meditation anmutet, bekommen Sie einen klaren Kopf. Die Kombination aus Zählen und Atmen ist so entspannend, daß es fast unmöglich ist, danach noch ärgerlich zu sein. Der erhöhte Sauerstoffgehalt in Ihren Lungen sowie der Zeitraum zwischen dem Augenblick, als Sie zornig wurden, und dem Ende der Übung klären Ihre Gedanken. Aus einer »großen Sache« wird plötzlich eine Nichtigkeit. Die Übung ist besonders wirkungsvoll bei der Arbeit mit Streß oder Frustration. Versuchen Sie es damit, immer wenn Sie das Gefühl haben, die Kontrolle über sich zu verlieren.

64.

Üben Sie, im »Auge des Sturms« zu sein

Als Auge des Sturms wird der Punkt genau im Zentrum eines Wirbelsturms, Hurrikans oder Tornados bezeichnet, an dem es völlig ruhig ist, während außerhalb die Winde toben. Wie schön wäre es, wenn auch wir inmitten von Chaos ruhig und gelassen bleiben könnten – im Auge des Sturms eben.

Erstaunlicherweise ist es viel einfacher, im Auge eines »menschlichen Sturms« zu sein, als Sie wahrscheinlich meinen. Alles, was man braucht, sind fester Wille und etwas Übung. Angenommen, Sie sind zum Beispiel zu einer Familienfeier eingeladen, bei der es chaotisch zugehen wird. Sie können sich vornehmen, diese Gelegenheit zu nutzen, um ruhig zu bleiben, der einzige Anwesende, der heitere Gelassenheit ausstrahlt. Sie können üben, tief durchzuatmen, zuzuhören. Sie können andere recht behalten und sich im Rampenlicht sonnen lassen. Wenn das Ihr erklärtes Ziel ist, schaffen Sie es auch.

Indem Sie mit so harmlosen Situationen wie Familienfeiern,

Cocktailpartys und Kindergeburtstagen beginnen, können Sie üben und Erfolge sammeln. Sie werden feststellen, daß Sie in der Lage sind, sich ganz auf das Jetzt zu konzentrieren, wenn Sie im Auge des Sturms bleiben. Sie werden sich wohler fühlen als je zuvor. Nachdem Sie solch harmlose Situationen bewältigt haben, können Sie sich an Schwierigeres wagen: Konflikte, Trauer, Not und Elend. Wenn Sie also langsam beginnen, Erfolge zu sammeln, und dann weiterüben, werden Sie bald wissen, wie man im Auge des Sturms lebt.

65.

Seien Sie flexibel, wenn sich Ihre Pläne ändern

Habe ich mir einmal etwas vorgenommen, fällt es mir oft schwer, mich von meinem Plan zu lösen und ihn aufzugeben. Mir wurde beigebracht (und bis zu einem gewissen Grad stimmt das ja auch), daß für das Gelingen oder das erfolgreiche Zuendeführen eines Projekts Beharrlichkeit notwendig ist. Gleichzeitig verursacht mangelnde Flexibilität jedoch ungeheuren inneren Streß und wirkt irritierend und unsensibel auf andere Menschen.

Ich schreibe einen Großteil meiner Texte vor dem Morgengrauen. Bei diesem Buch könnte ich mir nun zum Beispiel das Ziel setzen, ein oder zwei Strategien fertigzustellen, bevor die anderen aufwachen. Doch was passiert dann, wenn meine vierjährige Tochter früher wach wird und zu mir nach oben kommt? Dadurch werden meine Pläne schon durcheinandergebracht, und wie soll ich dann darauf reagieren? Oder ich könnte mir vornehmen, jeden Morgen vor Arbeitsbeginn zu joggen. Was geschieht, wenn ich einen dringenden Anruf aus dem Büro erhalte und meinen Dauerlauf ausfallen lassen muß?

Es gibt unzählige solche Beispiele für jeden von uns – plötzliche Änderungen unserer Pläne; etwas, von dem wir dachten, es fände statt, fällt plötzlich aus; jemand tut nicht das, was vereinbart war; Sie verdienen weniger Geld, als Sie erwarteten; jemand ändert ohne Ihre Zustimmung einen Termin, Sie haben weniger Zeit als geplant, etwas Unerwartetes passiert – und so weiter und so fort. Die Frage, die Sie sich stellen müssen, lautet: Was ist *wirklich* wichtig?

Oft hört man als Entschuldigung, es sei doch nur normal, daß man frustriert ist, wenn sich Pläne ändern. Das hängt jedoch von Ihren Prioritäten ab. Ist es wichtiger, sich an einen starren Stundenplan zu halten oder für die kleine Tochter dazusein? Ist ein dreißigminütiger Dauerlauf es wert, daß man sich groß aufregt? Die übergeordnete Frage lautet somit: Was ist wichtiger, das zu bekommen, was ich möchte, und mich an meinen Plan zu halten, oder zu lernen, mich den Umständen anzupassen?

Um gelassener und ruhiger zu werden, müssen Sie ganz offensichtlich in fast allen Fälle Flexibilität über Starrheit stellen (Ausnahmen bestätigen natürlich die Regel). Mir hat es auch geholfen, einfach davon auszugehen, daß ein bestimmter Prozentsatz von Plänen umgeworfen wird. Stelle ich mich von vornherein darauf ein, kann ich im Falle des Falles sagen: »Das läßt sich jetzt auch nicht ändern.«

Wenn Sie es sich zum Ziel machen, flexibler zu werden, führt das zu wunderbaren Ergebnissen: Sie werden entspannter sein, jedoch nichts an Produktivität einbüßen. Sie können sogar *noch* produktiver werden, weil Sie nicht mehr soviel Energie dafür verwenden müssen, sich zu ärgern oder Sorgen zu machen. Ich habe gelernt, darauf zu vertrauen, daß ich meine Abgabetermine einhalten, die meisten meiner Ziele erreichen, meinen Verantwortlichkeiten nachkommen werde, obwohl ich meine Pläne vielleicht ein wenig (oder sogar ganz) umwerfen muß. Und auch bei Ihren Mitmenschen tritt dann ein Gefühl der Entspannung ein. Sie werden nicht das Gefühl haben, Sie mit Glacéhandschuhen anfassen zu müssen, wenn es einmal notwendig ist, Ihre Pläne aus irgendeinem Grund zu ändern.

66.

Denken Sie an das, was Sie haben, und nicht an das, was Sie gerne hätten

In mehr als zwölf Jahren als Streßberater habe ich gelernt, daß die Neigung, nur das zu sehen, was wir uns *wünschen*, anstelle dessen, was war *haben*, eine der verbreitetsten und zugleich destruktivsten Geisteshaltungen ist. Dabei scheint es ganz egal zu sein, wieviel wir bereits erreicht haben; wir verlängern einfach die Liste unserer Wünsche immer weiter und stellen so sicher, daß wir stets unzufrieden bleiben. Wer sagt: »Ich werde glücklich sein, wenn sich dieser Wunsch erfüllt hat«, wird auch weiterhin so denken, selbst wenn sich sein Traum realisiert hat. Ein Freund von uns hat den Kaufvertrag für sein neues Haus an einem Sonntag abgeschlossen. Schon bei unserem nächsten Treffen redete er von seinem künftigen Haus, das noch größer sein sollte! Damit steht er nicht allein; die meisten von uns sind so. Wir wollen dies oder jenes, und wenn wir es nicht bekommen, dann denken wir nur noch an all das, was wir nicht haben – und sind unzufrieden. Bekommen wir aber, was wir uns

wünschen, ist es noch immer nicht genug. Die Unzufriedenheit bleibt bestehen. Anders ausgedrückt: Zufriedenheit verschließt sich demjenigen, der immer neue Wünsche hat.
Zum Glück gibt es jedoch einen Weg zur Zufriedenheit. Dazu müssen wir unser Denken umstellen, uns nicht mehr auf das konzentrieren, was wir gerne hätten, sondern auf das, was wir bereits haben. Anstatt sich zu wünschen, daß Ihre Frau sich verändern möge, sollten Sie sich ihre wundervollen Eigenschaften vor Augen halten. Klagen Sie nicht über Ihr Gehalt, sondern seien Sie dankbar, überhaupt Arbeit zu haben. Träumen Sie nicht davon, Urlaub zu machen, sondern überlegen Sie sich, wieviel Spaß Sie in Ihrer unmittelbaren Umgebung haben können. Die Liste der Möglichkeiten ist endlos! Halten Sie inne, sobald Sie bemerken, daß Ihre Gedanken in Richtung »Ich wünschte, das Leben wäre anders« abgleiten, und fangen Sie noch einmal an. Holen Sie tief Luft und denken Sie an all das, wofür Sie dankbar sein können. Wenn Sie sich auf das konzentrieren, was Sie haben, statt nur zu sehen, was Sie gerne hätten, wird Ihnen letztendlich sowieso viel von dem zuteil, was Sie sich wünschen. Wenn Sie nur die guten Seiten Ihrer Frau sehen, wird sie liebevoller sein. Wenn Sie dankbar sind für Ihre Arbeit, anstatt sich zu beklagen, werden Sie sie besser erledigen, produktiver sein und wahrscheinlich eine Gehaltserhöhung bekommen. Wenn Sie schauen, wie Sie sich zu Hause amüsieren können, anstatt auf Hawaii zu schielen, werden Sie mehr Spaß

haben. Und wenn Sie wirklich einmal nach Hawaii kommen, dann wissen Sie schon, wie man es sich gutgehen läßt. Kommen Sie nie dorthin, führen Sie dennoch ein schönes Leben.
Machen Sie sich eine Notiz, daß Sie anfangen wollen, mehr an das zu denken, was Sie haben, als an das, was Sie gerne hätten. Dann wird Ihnen das Leben gleich viel besser gefallen. Sie werden vielleicht zum ersten Mal merken, was es heißt, zufrieden zu sein.

67.

Ignorieren Sie Ihre negativen Gedanken

Man schätzt, daß der Durchschnittsmensch an die 50 000 Gedanken am Tag hat. Das ist eine ganze Menge. Einige dieser Gedanken sind positiv und produktiv. Leider sind viele jedoch negativer Natur: ärgerlich, verzagt, pessimistisch, beunruhigend. Im Hinblick auf mehr Gelassenheit lautet die wichtigste Frage aber nicht, ob Sie negative Gedanken haben oder nicht – es geht gar nicht ohne –, sondern wie Sie mit ihnen zurechtkommen.

Im Prinzip haben Sie nur zwei Alternativen beim Umgang mit negativen Gedanken: Sie können sie analysieren – erforschen, durchdenken, studieren – oder lernen, sie zu ignorieren, ihnen weniger Aufmerksamkeit zu schenken. Ihre negativen Gedanken weniger ernst zu nehmen, ist jedoch unendlich viel effektiver, wenn es darum geht, gelassener zu werden.

Wenn Sie einen Gedanken haben, egal welchen, dann ist das nichts weiter als nur ein Gedanke. Er kann Sie ohne Ihre Einwilligung nicht verletzen. Wenn Sie an Ihre Vergangenheit denken, dann fällt Ihnen beispielsweise folgendes ein: »Ich ärgere mich, weil meine Eltern bei meiner Erziehung nicht besonders einfühlsam waren.« Sie können sich dann hineinsteigern, wie es viele tun, und so innere Unruhe schaffen. Sie können dem Gedanken in Ihrem Kopf viel Raum geben und sich einreden, daß Sie tatsächlich allen Grund haben, unglücklich zu sein. Oder Sie können sich klarmachen, daß Sie gerade dabei sind, eine mentale Lawine auszulösen und es vorziehen, den Gedanken einfach beiseite zu schieben. Das soll nicht heißen, daß Sie keine schwere Kindheit hatten – das ist durchaus möglich –, aber in *diesem* Augenblick haben Sie die Wahl, welchen Gedanken Sie Beachtung schenken wollen und welchen nicht.

Derselbe mentale Vorgang spielt sich bei Gedanken an Zurückliegendes ab. Eine Auseinandersetzung, die Sie hatten, als Sie morgens auf dem Weg zur Arbeit aus der Tür gingen, ist schon fünf Minuten später kein tatsächlicher Streit mehr, sondern ein bloßer Gedanke in Ihrem Kopf. Dasselbe gilt für zukunftsgerichtete Gedanken, an heute abend, nächste Woche oder in zehn Jahren. Sie werden in allen Fällen feststellen, daß sich sofort ein Gefühl des Friedens einstellt, wenn Sie Negatives, das sich in Ihrem Kopf breitgemacht hat, ignorieren oder beiseite schieben. Denn wenn Sie gelassener sind, werden Ihre Klugheit und Ihr gesunder Menschenverstand Ihnen sagen, was zu tun ist. Zu dieser Strategie ist einige Übung nötig, aber sie ist der Mühe wert.

68.

Seien Sie bereit, von Ihren Mitmenschen zu lernen

Am meisten bedrückt es mich, wenn ich sehe, wie sehr es uns widerstrebt, von den Menschen um uns herum – unseren Eltern, Ehepartnern, Kindern, Freunden – etwas zu lernen. Statt offen für neue Eindrücke zu sein, verschließen wir uns aus Verlegenheit, Angst, Sturheit oder Stolz. Es scheint, als würden wir uns sagen: »Ich habe schon alles gelernt, was ich von dieser Person lernen kann (oder will); mehr kann und will ich nicht.« Das ist traurig, weil die Menschen, die uns nahestehen, oft am besten wissen, was gut für uns ist. Sie können manchmal erkennen, wann wir uns selbst mit unserer Einstellung im Wege stehen, und uns Ratschläge geben. Wenn wir zu stolz oder zu stur sind zu lernen, entgehen uns wundervolle, einfache Möglichkeiten, unser Leben zu verbessern.

Deshalb versuche ich immer, offen zu bleiben gegenüber Vorschlägen meiner Familie und Freunde. Ja, ich gehe sogar so weit, bestimmte Familienmitglieder und auch einige meiner Bekannten zu fragen: »Wo siehst du bei mir Schwachpunkte?« Dies gibt der Person, an die Sie sich wenden, nicht nur das Gefühl, gebraucht zu werden, sondern Sie erhalten auch ein paar wertvolle Anregungen. Es ist eine denkbar einfache Methode, sich weiterzuentwickeln, und doch wendet sie kaum jemand an. Man braucht nur ein wenig Mut und Bescheidenheit sowie die Fähigkeit, sein Ego zurückzustellen – vor allem, wenn Sie es gewohnt sind, Vorschläge zu ignorieren, sie als Kritik zu verstehen oder bestimmten Leuten sowieso nie zuzuhören. Malen Sie sich aus, wie geschockt die sein werden, wenn Sie sie um ihren Rat bitten!

Wählen Sie ein Thema, bei dem Sie das Gefühl haben, daß der Betreffende sich wirklich auskennt. Ich frage zum Beispiel in geschäftlichen Angelegenheiten oft meinen Vater um Rat. Selbst wenn er mir dann einen kleinen Vortrag hält, ist es der Mühe wert. Sein Rat verhindert gewöhnlich, daß ich dumme Fehler mache.

69.

Seien Sie glücklich im Hier und Jetzt

Bedauerlicherweise verschieben viele von uns ständig ihr Glück – bis zum Sankt-Nimmerleins-Tag. Das machen wir durchaus nicht bewußt, aber wir reden uns immer wieder ein: »Eines Tages werde ich glücklich sein.« Wir sagen uns, wir werden glücklich sein, wenn erst einmal alle Rechnungen bezahlt sind, wenn wir unsern Universitätsabschluß gemacht, unsere erste Stelle gefunden, eine Beförderung erhalten haben. Wir reden uns ein, daß das Leben besser wird, wenn wir verheiratet sind, ein Kind haben, ein zweites. Dann sind wir frustriert, weil die Kinder noch so klein sind – wieviel zufriedener wir doch sein werden, wenn sie es erst älter sind. Anschließend sind wir frustriert, daß wir uns mit Teenagern herumschlagen müssen. Wir werden aber bestimmt glücklich sein, wenn sie über diese Phase hinaus sind. Wir sagen uns, daß unser Leben perfekt sein wird, wenn unser Ehepartner sich endlich zusammenreißt, wenn wir erst ein besseres Auto haben, uns einen schönen Urlaub leisten können, wenn wir im Ruhestand sind. Und so weiter und so fort.

Inzwischen zieht das Leben an uns vorbei. Die Wahrheit ist: Es gibt keinen besseren Zeitpunkt, um glücklich zu sein, als hier und jetzt. Wenn nicht jetzt, wann dann? Im Leben gibt es immer Hürden. Finden Sie sich damit ab und beschließen Sie, trotzdem glücklich zu sein. Eines meiner Lieblingszitate stammt von Alfred D'Souza. Er sagt: »Lange Zeit sah es so aus, als würde das Leben endlich beginnen – das wirkliche Leben. Aber es gab immer ein Hindernis, etwas, das zunächst bewältigt werden, etwas, das noch erledigt, noch abgeschlossen werden mußte, eine Schuld, die noch zu begleichen war. Dann würde das Leben beginnen. Schließlich wurde mir klar, daß diese Hindernisse mein Leben ausmachten.« Diese Sichtweise hat mir die Erkenntnis vermittelt, daß es keinen Weg *zum* Glück gibt. Das Glück *ist* der Weg.

70.

Bedenken Sie: Sie werden zu dem, was Sie am meisten üben

Wiederholtes Üben ist eines der Grundprinzipien der meisten spirituellen und meditativen Lehren. Mit anderen Worten: Was Sie am meisten üben, zu dem werden Sie auch. Wenn Sie sich immer verkrampfen, sobald es im Leben einmal nicht ganz so gut läuft, sich wiederholt durch Kritik angegriffen fühlen, stets recht haben wollen, alles, was schiefgeht, zudem noch künstlich aufbauschen, dann wird Ihr Leben dies leider auch widerspiegeln. Sie werden frustriert sein, weil Sie sich in gewissem Sinn eben ständig in Frustration geübt haben.

Genauso bleibt es jedoch Ihnen überlassen, gute Eigenschaften wie Mitgefühl, Geduld, Herzenswärme, Bescheidenheit und Gelassenheit zu stärken – auch hier durch Training. Ich glaube, die Redensart »Übung macht den Meister« trifft wahrlich zu. Es ist daher nur logisch, daß Sie aufpassen müssen, was Sie üben.

Das soll nicht heißen, daß Sie aus Ihrem Leben ein einziges Großprojekt machen sollen mit dem Ziel, ständig an sich zu arbeiten. Es ist nur äußerst hilfreich, sich seiner eigenen – inneren und äußeren – Angewohnheiten bewußt zu werden. Wo liegen Ihre Interessen? Wie verbringen Sie Ihre Zeit? Pflegen Sie Gewohnheiten, die Ihren erklärten Zielen dienen? Stimmt das, was Sie im Leben erreichen möchten, mit dem überein, wie Ihr Leben im Moment aussieht? Sich diese und andere wichtige Fragen zu stellen und sie ehrlich zu beantworten, hilft Ihnen dann bei der Auswahl der Strategien, die Ihnen am nützlichsten sind. Sagen Sie ständig: »Ich hätte gern ein bißchen mehr Freiraum für mich« oder: »Ich wollte schon immer mal lernen, wie man meditiert«, finden aber nie die Zeit dazu? Dann gehören Sie zu den Leuten, die weitaus mehr Zeit damit verbringen, ihr Auto zu putzen oder die x-te Wiederholung einer Fernsehsendung anzusehen – die ihnen oft nicht einmal gefällt – als mit den Aspekten des Lebens, die Sie innerlich bereichern würden. Wenn Sie sich also stets vor Augen führen, daß Sie zu dem werden, was Sie üben, werden Sie vielleicht neue Inhalte und Formen des Trainings finden.

71.

Bringen Sie Ihre Gedanken zur Ruhe

Pascal sagt: »Alle Probleme der Menschheit sind auf die Unfähigkeit des Menschen zurückzuführen, ruhig in einem Zimmer zu sitzen, allein.« Ganz so weit würde ich vielleicht nicht gehen, aber ich bin überzeugt, daß ein ruhiger Geist die Grundlage für inneren Frieden darstellt. Und innerer Friede heißt auch äußerer Friede.
Obwohl es viele Möglichkeiten – Reflexion, Tiefenatmung, Kontemplation oder Visualisierung – gibt, um die Gedanken zur Ruhe zu bringen, ist die Meditation die am meisten anerkannte und praktizierte Methode. In nur fünf bis zehn Minuten pro Tag können Sie üben, Ruhe und Stille zu erlangen. Diese Ruhe können Sie dann in Ihren Alltag integrieren, wodurch Sie weniger gereizt reagieren und Kleinigkeiten nicht zu Katastrophen aufbauschen. Mit Hilfe von Meditation und dem Erlebnis absoluter Entspannung lernen Sie, sich durch nichts erschüttern zu lassen. Sie lernen wunderbare Gelassenheit.
Es gibt viele Formen und Arten der Meditation. Allen gemein-

sam ist jedoch, daß man sämtliche Gedanken aus seinem Kopf verbannt. Gewöhnlich meditiert man allein in ruhiger Umgebung. Sie schließen die Augen und konzentrieren sich vollkommen auf Ihren Atem – ein und aus, ein und aus. Wenn sich Gedanken in Ihren Kopf schleichen, vertreiben Sie sie sanft und konzentrieren sich wieder ganz auf den Fluß Ihres Atems. Tun Sie das wieder und wieder. Mit der Zeit lernen Sie, alle aufkommenden Gedanken weggleiten zu lassen und Ihre Aufmerksamkeit allein auf Ihren Atem zu richten.

Sie werden schnell entdecken, daß Meditation nicht einfach ist. Ihnen wird auffallen, daß Ihr Kopf sich, sobald Sie versuchen, Ruhe zu finden, mit Gedanken füllt. Selten gelingt es einem Anfänger, mehr als ein paar Sekunden lang die Konzentration zu halten. Der Trick auf dem Weg zu effektiver Meditation besteht darin, sanft mit sich umzugehen und dabeizubleiben. Lassen Sie sich nicht entmutigen. Schon ein paar Minuten pro Tag werden mit der Zeit enorme Erfolge zeigen. Sicher findet in Ihrer Gegend irgendwo ein Meditationskurs statt. Oder Sie lernen, wenn Ihnen das lieber ist, nach einem Buch oder besser noch, nach einer Kassette (es ist nicht gerade leicht, mit geschlossenen Augen zu lesen). Ich empfehle Ihnen Larry Le Shans *Vom Sinn des Meditierens*, das es als Buch und als Kassette gibt.

Ich kenne fast niemanden, der inneren Frieden gefunden hat und nicht wenigstens ein paar Erfahrungen mit Meditation gemacht hat.

72.

Lernen Sie Yoga

Wie Meditation, so ist auch Yoga eine ungeheuer populäre und wirkungsvolle Methode, um ein entspannter, gelassener Mensch zu werden. Seit Jahrhunderten wird Yoga benutzt, um den Kopf von allen Gedanken frei zu machen und dem Menschen zu Gelassenheit und Gleichmut zu verhelfen. Yoga ist leicht und nimmt nur wenige Minuten am Tag in Anspruch. Wichtiger noch: Menschen jeden Alters können sich darin üben, und man braucht auch nicht besonders fit zu sein. Ich habe einmal an einem Kurs teilgenommen, in dem von einem zehnjährigen Jungen bis hin zum siebenundachtzigjährigen Großvater jedes Alter vertreten war. Bei Yoga geht es auch nicht darum, wer besser oder schneller ist. Man praktiziert in dem Tempo, bei dem man sich am wohlsten fühlt.

Obwohl Yoga primär Körperarbeit ist, wirkt es sich sowohl körperlich als auch emotional aus. Körperlich stärkt Yoga die Muskeln und das Rückgrat, vergrößert Flexibilität und Beweglichkeit. Vom Emotionalen her ist Yoga wunderbar geeignet zum Reduzieren von Streß. Es bringt Körper, Geist und Seele ins Gleichgewicht und schafft das Gefühl von Gleichmut und Frieden.

Yoga besteht aus einer Reihe von sanften, aber auch anstrengenderen Dehnübungen. Diese dienen dazu, den Körper zu öffnen und das Rückgrat zu strecken. Die Dehnübungen konzentrieren sich auf ganz bestimmte, normalerweise angespannte und verkrampfte Stellen – Hals, Schultern, Rücken, Hüften, Beine und Rückgrat. Während Sie sich dehnen, konzentrieren Sie sich, richten Ihre Aufmerksamkeit auf das, was Sie gerade tun.

Yoga hat eine verblüffende Wirkung. Nach nur wenigen Minuten fühlen Sie sich munter und offen, ruhig und entspannt. Ihr Kopf ist klar. Der Rest des Tages verläuft leichter und konzentrierter. Ich dachte früher immer, ich sei zu beschäftigt, um Yoga zu machen. Ich hatte das Gefühl, nicht genug Zeit zu haben. Heute bin ich genau vom Gegenteil überzeugt – ich habe keine Zeit, *kein* Yoga zu machen. Es ist einfach zu wichtig! Yoga gibt mir das Gefühl, jung und voller Energie zu sein. Es ist auch ein wunderbarer, friedlicher Zeitvertreib für Sie und Ihre Familie oder Freunde. Anstatt zusammen fernzusehen, legen meine zwei Töchter und ich oft ein Yoga-Video ein und dehnen uns ein paar Minuten lang gemeinsam.

Wie bei der Meditation ist es in der Regel kein Problem, in

nächster Nähe einen Kurs zu finden. Wenn Sie lieber nach einem Buch lernen, kann ich Ihnen »Yoga – das 28-Tage-Programm« von Richard Hittleman empfehlen. Es gibt auch viele gute Videos, die Anleitungen geben, und eine Zeitschrift, die ganz dem Yoga gewidmet ist, das »Yoga Journal«.

73.

Bauen Sie aktive Hilfe in Ihr Leben ein

Wer freundlicher und liebevoller werden möchte, muß etwas dafür tun. Eine Anleitung, der Sie folgen können, bestimmte Anweisungen, gibt es allerdings nicht. Vielmehr ergeben sich die wahren Akte der Nächstenliebe und Großzügigkeit von selbst, nämlich dann, wenn Hilfsbereitschaft und Geben in den Denkprozeß der Person integriert wurden.

Mehrere Lehrer und Philosophen, von denen ich gelernt habe, legten mir nahe, meinen Tag mit folgender Frage zu beginnen: »Wie kann ich meine Hilfsbereitschaft zeigen?« Dies half mir, die Vielzahl von Möglichkeiten zu erkennen, in denen ich von Nutzen sein konnte. Wenn ich mir morgens die Zeit für derartige Überlegungen nehme, stellen sich nämlich den ganzen Tag über Antworten ein.

Haben Sie sich das Ziel gesetzt, anderen zu helfen, werden Sie dafür geeignete Wege finden. Es gibt unendlich viele Möglichkeiten, jemandem einen Dienst zu erweisen. Manchmal biete ich meine Hilfe ganz konkret an, indem ich beispielsweise einem Freund (oder sogar einem Fremden) ein Bett zum Übernachten stelle. Oder ich überlasse im Bus einem älteren Menschen meinen Sitz, helfe einem Kind über die Straße, spreche zu einer Gruppe, schreibe ein Buch, helfe in der Schule meiner Tochter, spende einer wohltätigen Organisation Geld oder sammle auf der Straße Abfall auf. Der Schlüssel liegt meiner Meinung nach darin, sich klarzumachen, daß Hilfsbereitschaft nicht eine einmalige Sache ist. Man kann nicht einmal etwas Nettes tun und sich dann wundern, warum die anderen nicht ebenso nett sind und sich womöglich noch erkenntlich zeigen. Hilfsbereitschaft, der Dienst am Mitmenschen, ist ein lebenslanger Prozeß, eine Lebenseinstellung. Muß der Mülleimer nach draußen getragen werden? Wenn ja, dann tun Sie es einfach, auch wenn Sie gar nicht an der Reihe sind. Ist mit jemandem, den Sie kennen, zur Zeit nicht gut Kirschen essen? Dann braucht er vielleicht etwas Wärme oder jemanden, der ihm zuhört. Kennen Sie eine wohltätige Organisation, die sich in Schwierigkeiten befindet? Dann geben Sie diesen Monat unter Umständen doch ein wenig mehr Geld.

Ich habe gelernt, daß aktive Hilfe oft in ganz einfachen Dingen bestehen kann. Es sind diese kleinen, stillschweigenden, oft unbemerkten Akte der Nächstenliebe, die sich tagtäglich ausführen lassen: meine Ehepartnerin bei einem neuen Unternehmen zu unterstützen oder mir Zeit zum Zuhören zu nehmen. Ich weiß, es ist noch ein weiter Weg bis zu meinem Ziel, ein wenig selbstloser zu sein. Ich weiß aber auch, daß ich zufriedener mit mir und meiner Lebensweise bin, seit ich aktive Hilfe in mein Leben integriert habe. Eine alte Weisheit lautet: »Geben ist sich selbst der Lohn.« Und das stimmt wirklich. Wer gibt, wird auch empfangen. Ja, was Sie empfangen, steht in direktem Verhältnis zu dem, was Sie gegeben haben. Je mehr Sie also von sich aus und auf Ihre ganz individuelle Weise geben, desto stärker werden Sie ein nie für möglich gehaltenes Gefühl inneren Friedens erleben. Alle profitieren dabei, vor allem Sie selbst.

74.

Tun Sie jemandem einen Gefallen, ohne dafür etwas zu erwarten oder zu verlangen

Diese Strategie kann Ihnen helfen, aktive Hilfe zu einem Teil Ihres Lebens zu machen. Sie will Ihnen vermitteln, wie leicht das im Grunde geht und welch ein schönes Gefühl es ist, einem anderen etwas Gutes zu tun, ohne auf eine Gegenleistung zu hoffen.

Wie oft erwarten wir uns doch, bewußt oder unbewußt, etwas von anderen, vor allem, wenn wir etwas für sie getan haben. »Ich habe das Bad geputzt, jetzt soll sie die Küche saubermachen.« Oder: »Ich habe mich letzte Woche um ihr Kind gekümmert, und diese Woche ist sie dran.« Es scheint fast, als führten wir eine Strichliste unserer guten Taten, anstatt uns daran zu erinnern, daß Geben sich selbst der Lohn ist.

Wenn Sie jemandem eine Freundlichkeit erweisen wollen, dann tun Sie es einfach, und es wird sich bei Ihnen (falls Sie innerlich ruhig genug sind) ein Gefühl von Wohlbehagen und Frieden einstellen. So wie sportliche Betätigung in Ihrem Gehirn Endorphine freisetzt, die Ihnen körperliches Wohlbefinden vermitteln, geben Akte der Nächstenliebe das emotionale Gegenstück frei. Ihr Lohn besteht in dem Gefühl zu wissen, daß Sie an einem Akt der Nächstenliebe teilgehabt haben. Sie erwarten keine Gegengabe, nicht einmal einen Dank. Ja, der Betreffende braucht nicht einmal zu wissen, was Sie für ihn getan haben. Friedvolle Gefühle werden nur durch unsere Hoffnung auf eine Gegenleistung gestört.

Es sind also eigentlich unsere eigenen Gedanken, die uns einen Strich durch die Rechnung machen, sich in unseren Kopf drängen und uns suggerieren, was wir angeblich wollen oder brauchen. Die Lösung besteht darin, sich derartige Gedanken bewußtzumachen und sanft beiseite zu schieben. Haben Sie sich ihrer entledigt, werden Ihre positiven Gefühle zurückkehren.

Lassen Sie sich etwas einfallen, mit dem Sie jemandem einen wirklichen Gefallen tun können, und erwarten Sie keine Gegenleistung – ob Sie nun Ihre Frau mit einer sauberen Garage oder einem aufgeräumten Schreibtisch überraschen, bei Ihrem Nachbarn den Rasen mähen oder früher von der Arbeit nach Hause kommen, um Ihrer Frau die Kinder abzunehmen. Haben Sie Ihre gute Tat beendet, überprüfen Sie, ob auch Sie die Wärme spüren, die einen überkommt, wenn man weiß, daß man etwas wirklich Nettes getan hat, ohne vom Betreffenden dafür etwas zu erwarten. Üben Sie diese Strategie ein, werden Sie sicher entdecken, daß diese positiven Gefühle selbst schon Belohnung genug sind.

75.

Sehen Sie Ihre Probleme als Lernmöglichkeiten

Die meisten Menschen würden sagen, daß unsere Probleme eine der Hauptursachen für Streß in unserem Leben sind. Und bis zu einem gewissen Grad stimmt das auch. Genaugenommen hat unser Streß jedoch weniger mit den Problemen selbst zu tun, als damit, wie wir mit ihnen umgehen. Mit anderen Worten: Wie sehr lassen wir unsere Probleme zu einem Problem werden? Sehen wir in ihnen Katastrophen oder Lernmöglichkeiten?

Es gibt Probleme unterschiedlichster Art, Größe und Dringlichkeitsgrade, doch ist ihnen allen eines gemeinsam: Sie zwingen uns, mit etwas fertig zu werden, von dem wir wünschten, es wäre anders. Je mehr wir aber mit unseren Schwierigkeiten ringen und je mehr wir uns danach sehnen, daß sie verschwinden, desto schlimmer scheinen sie und desto mehr Streß verursachen sie uns auch.

Glücklicherweise trifft jedoch auch das Gegenteil zu. Wenn wir unsere Probleme als zwangsläufigen Teil des Lebens betrachten, wenn wir sie als Möglichkeiten zum Lernen begreifen, ist es,

als würde uns eine schwere Last von den Schultern genommen.
Denken Sie nun an ein Problem, mit dem Sie sich schon eine ganze Weile herumschlagen. Wie sind Sie bisher damit umgegangen? Wenn es Ihnen ergeht wie den meisten Menschen, haben Sie sich wahrscheinlich intensiv mit dem Problem abgeplagt, sind es innerlich durchgegangen, haben es wieder und wieder analysiert – und letztendlich doch nichts erreicht. Wohin hat diese ganze Mühe also geführt? Wahrscheinlich zu noch mehr Angst und Streß.

Betrachten Sie das Problem jetzt einmal aus einem anderen Blickwinkel. Schieben Sie es nicht weg, sondern heißen Sie es willkommen, umarmen Sie es geistig. Fragen Sie sich, welche wertvollen Erfahrungen sie aufgrund dieses Problems machen könnten. Könnten Sie lernen, sorgfältiger oder geduldiger zu werden? Spielt Habgier, Neid, Nachlässigkeit oder Vergebung dabei eine – vielleicht noch so kleine – Rolle? Oder etwas anderes dieser Art? Mit welchen Schwierigkeiten Sie auch konfrontiert werden, Sie können Ihre Einstellung ändern, abmildern, den ehrlichen Wunsch entwickeln, aus ihnen zu lernen. Wenn Sie Ihre Probleme in diesem Licht betrachten, verlieren sie ihre Härte – wie eine geballte Faust, die sich langsam öffnet. Versuchen Sie es einmal mit dieser Strategie, und ich glaube, Sie werden feststellen, daß die meisten Probleme tatsächlich keine Notfälle oder Katastrophen darstellen. Sie lösen sich in der Regel in Wohlgefallen auf, sobald wir gelernt haben, was es zu lernen gibt.

76.

Sehen Sie der Zukunft mit Gelassenheit entgegen

Es war einmal ein Dorf, und in diesem Dorf wohnte ein weiser alter Mann. Die Dorfbewohner vertrauten darauf, daß dieser Mann ihnen die Antworten auf alle ihre Fragen und Anliegen geben könne.

Eines Tages kam ein Bauer aus dem Dorf zu dem weisen Mann und bat ihn in höchster Verzweiflung: »Weiser Mann, hilf mir. Etwas Schreckliches hat sich zugetragen. Mein Ochse ist gestorben, und jetzt habe ich kein Tier zum Pflügen des Feldes mehr. Hätte mir je Schlimmeres widerfahren können?« Der weise alte Mann erwiderte: »Vielleicht ja, vielleicht auch nicht.« Der Mann eilte zurück ins Dorf und berichtete seinen Nachbarn, daß der weise Mann den Verstand verloren habe. Dies sei doch unbestreitbar das Schlimmste, was ihm hatte zustoßen können. Warum sah er das nicht auch so?

Schon am nächsten Tag wurde in der Nähe des Hofes des Mannes ein kräftiges junges Pferd gesichtet. Weil der Mann keinen Ochsen hatte, kam ihm der Einfall, das Pferd als Ersatz für den Ochsen einzufangen. Gesagt, getan. Wie freute sich der Bauer, so einfach war das Pflügen noch nie gewesen! Also ging er zurück zu dem weisen alten Mann und entschuldigte sich: »Du hattest recht, weiser Mann. Meinen Ochsen zu verlieren, war nicht das Schlimmste, was sich hatte ereignen können. Eigentlich war es sogar ein Segen! Nie hätte ich sonst dieses Pferd gefangen. Du mußt doch zugeben, daß mir nichts Besseres hätte passieren können.« Da erwiderte der weise Mann erneut: »Vielleicht ja, vielleicht auch nicht.« Nicht schon wieder, dachte der Bauer. Offensichtlich hatte der weise alte Mann seinen Verstand tatsächlich verloren.

Doch wieder wußte der Bauer nicht, was die Zukunft für ihn bereithielt. Einige Tage später ritt sein Sohn das Pferd und wurde abgeworfen. Er brach sich das Bein und würde nun bei der Ernte nicht helfen können. O nein, dachte der Mann. Nun werden wir verhungern! Und wieder ging der Bauer zu dem weisen alten Mann. Diesmal fragte er ihn: »Woher wußtest du, daß das Fangen des Pferdes mir nichts Gutes bringen würde? Du hattest erneut recht. Mein Sohn ist verletzt und wird nicht bei der Ernte helfen können. Diesmal bin ich mir aber ganz sicher, daß nichts Schlimmeres hätte passieren können. Das wirst du doch auch zugeben.« Aber wie schon zuvor blickte der weise alte Mann den Bauern nur ruhig an und erwiderte erneut mitfühlend: »Vielleicht ja, vielleicht auch nicht.« Erzürnt über die Dummheit des Alten stürmte der Bauer zurück ins Dorf.

Am nächsten Tag kamen Soldaten, um alle gesunden Männer mit in den Krieg zu nehmen, der gerade ausgebrochen war. Der Sohn des Bauern war der einzige im Dorf, der nicht mitziehen mußte. Er würde am Leben bleiben, während die anderen ihrem sicheren Tod entgegensahen.

Die Moral dieser Geschichte ist offensichtlich: In Wahrheit wissen wir *nie*, was geschehen wird – wir glauben es nur. Oft regen wir uns unnötig über etwas auf. Wir malen uns all die schrecklichen Dinge aus, die geschehen werden. In der Regel liegen wir falsch. Wenn wir ruhig Blut behalten und offen bleiben für alle Möglichkeiten, können wir häufig davon ausgehen, daß sich schließlich alles zum Guten wenden wird. Denken Sie daran: Vielleicht ja, vielleicht auch nicht.

77.

Akzeptieren Sie alle Facetten Ihres Seins

Alexis Sorbas soll sich als »eine einzige Katastrophe« beschrieben haben. Im Grunde genommen trifft das auf uns alle zu, nur wünschten wir, daß dem nicht so wäre. Anstatt zu akzeptieren, daß wir alles andere als perfekt sind, verleugnen wir die Anteile in uns, die wir für unakzeptabel halten.

Einer der Gründe, warum es wichtig ist, daß Sie alle Aspekte Ihres Seins akzeptieren, liegt darin, daß Sie dann nachsichtiger und mitfühlender mit sich selbst umgehen können. Anstatt so zu tun, als sei alles in bester Ordnung, wenn Sie sich unsicher fühlen, können Sie sich der Wahrheit öffnen und zu sich sagen: »Ich habe Angst, aber das macht nichts.« Wenn Sie einmal eifersüchtig, habgierig oder wütend sind, sollten Sie diese Gefühle also nicht leugnen oder verdrängen, sondern zu ihnen stehen; nur so können Sie sie schnell überwinden. Wenn Sie Ihre negativen Empfindungen nicht mehr künstlich aufbauschen oder als etwas Beängstigendes sehen, müssen Sie sich auch nicht mehr vor ihnen fürchten. Wenn Sie sich also allen Facetten Ihres Seins öffnen, ist es nicht mehr notwendig, so zu tun, als sei Ihr Leben vollkommen; und Sie können die – irreale – Hoffnung aufgeben, daß es das jemals sein werde. Statt dessen lieben Sie sich so, wie Sie sind, hier und jetzt.

Wenn Sie die eher unvollkommenen Teile Ihrer selbst akzeptieren, geschieht etwas Magisches. Neben den negativen werden Ihnen auch die positiven, die wunderbaren Aspekte Ihrer Person auffallen, die Sie bisher gar nicht richtig gewürdigt haben – wenn Sie sie überhaupt je bemerkt haben. Sie werden feststellen, daß Sie zwar zuweilen Ihr eigenes Interesse vor das anderer stellen, dann aber auch wieder unglaublich selbstlos handeln; manchmal sind Sie unsicher und verzagt, doch meistens überaus mutig. Sind Sie bisweilen auch tatsächlich verkrampft, so können Sie sich doch auch völlig entspannen.

Sich allen Aspekten Ihres Seins zu öffnen, ist, als würden Sie zu sich sagen: »Ich mag nicht vollkommen sein, aber so, wie ich bin, ist es schon okay.« Wenn Ihnen negative Charaktereigenschaften an sich auffallen, können Sie sie als Teil eines Ganzen sehen. Anstatt sich zu verurteilen, weil Sie menschlich sind, sollten Sie sich mehr Herzenswärme und Toleranz entgegenbringen. Sie mögen tatsächlich »eine einzige Katastrophe« sein, aber das braucht Sie nicht zu beunruhigen. Das sind wir alle.

78.

Seien Sie weniger streng mit sich

Jede der Strategien in diesem Buch ist darauf ausgerichtet, Ihnen zu helfen, gelassener und liebevoller zu werden. Eines der wichtigsten Teile in diesem Puzzle ist dabei, immer daran zu denken, daß Ihr Ziel darin besteht, entspannt zu bleiben, sich nicht zu sehr über das aufzuregen oder Sorgen zu machen, was Sie gerade tun. Arbeiten Sie mit den Strategien, verinnerlichen Sie sie, doch ärgern Sie sich nicht, wenn Sie noch nicht perfekt sind. Seien Sie weniger streng mit sich! Es wird vorkommen, daß Sie die Ruhe verlieren, daß Sie wieder verkrampft, frustriert, gestreßt sind – gewöhnen Sie sich daran. Es macht nichts, wenn das passiert. Das Leben ist ein Prozeß, eine Folge von Ereignissen. Wenn Sie die Kontrolle über sich verlieren, fangen Sie eben noch einmal von vorne an.

Einer der häufigsten Fehler von Leuten, die versuchen, inneren Frieden zu finden, ist, daß sie sich schon durch kleine Rückschritte frustrieren lassen. Betrachten Sie Ihre Unzulänglichkeiten lieber als Lernmöglichkeit, als Chance, sich weiterzuentwickeln. Sagen Sie: »Hoppla, jetzt hab ich mal wieder die Ruhe verloren. Aber nächstes Mal geht es vielleicht schon besser.« Mit der Zeit werden Sie erstaunliche Veränderungen in Ihren Reaktionen auf das Leben feststellen, doch es braucht eben alles seine Zeit.

Ich hörte einmal folgenden Vorschlag für einen Buchtitel, der die Botschaft dieser Strategie gut zusammenfaßt: »Ich bin nicht okay, du bist nicht okay, aber das ist okay.« Haben Sie Nachsicht mit sich. Niemand wird bei jedem Versuch oder auch nur bei jedem zweiten ein Tor erzielen. Wichtig ist, daß Sie Ihr Bestes geben und sich in die richtige Richtung bewegen. Wenn Sie lernen, nichts überzubewerten, und liebevoll gegenüber sich selbst zu sein, auch wenn Sie einmal einen Fehler machen, sind Sie auf dem besten Weg zu einem glücklicheren Leben.

79.

Hören Sie auf, anderen die Schuld zu geben

Wenn etwas unsere Erwartungen nicht erfüllt, reagieren viele von uns nach dem Motto: »Im Zweifelsfall ist jemand anders schuld.« Das können Sie überall miterleben: Etwas ist nicht an seinem Platz, also muß es jemand verlegt haben; der Wagen macht Mucken, also muß dem Mechaniker bei der Reparatur ein Fehler unterlaufen sein; Ihre Auslagen übersteigen Ihre Einnahmen, also muß Ihre Frau zuviel Geld ausgegeben haben; im Haus herrscht Unordnung, also müssen Sie der einzige sein, der überhaupt etwas tut; ein Projekt verzögert sich, also müssen Ihre Kollegen ihre Arbeit nicht ordentlich getan haben – und so geht es immer weiter.

Diese Art der Schuldzuweisung ist in unserer Gesellschaft enorm verbreitet. Für uns persönlich bedeutet dies, daß wir nie ganz verantwortlich sind für unsere Handlungen, Probleme oder auch unser Glück. Auf gesellschaftlicher Ebene hat diese Haltung gar zu fragwürdigen Prozessen und lächerlichen Entschuldigungen geführt, die so manchen Verbrecher davonkommen lassen. Wenn wir stets anderen die Schuld geben, tun wir das auch, wenn wir persönlich Ärger, Streß, Frustration, Depression oder Unzufriedenheit empfinden.

Sie *können* aber keinen inneren Frieden finden, wenn Sie ständig anderen Schuld zuweisen. Es mag schon einmal vorkommen, daß andere Menschen oder Umstände zu Ihren Problemen beitragen, aber wir müssen uns der Situation gewachsen zeigen und die Verantwortung für unser eigenes Schicksal übernehmen. Die Umstände formen einen Menschen nicht, sie lassen nur sein wahres Ich zum Vorschein kommen.

Schauen Sie mal versuchsweise, was passiert, wenn Sie aufhören, anderen die Schuld an jeder Kleinigkeit in Ihrem Leben in die Schuhe zu schieben. Das heißt nicht, daß Sie andere grundsätzlich nicht für ihre Handlungsweise verantwortlich machen sollen. Aber es ist nötig, daß auch *Sie selbst* für Ihr Glück und für Ihre Reaktionen auf andere Menschen und Ihr Umfeld die Verantwortung übernehmen. Anstatt also davon auszugehen, daß Sie als einziger Ihren Beitrag bei der Hausarbeit leisten, räumen Sie einfach auf, wenn Unordnung herrscht. Wenn Sie Ihr Budget überschreiten, dann prüfen Sie, wo *Sie* weniger Geld ausgeben könnten. Und vor allem: Denken Sie, wenn Sie unglücklich sind, immer daran, daß nur *Sie* sich glücklich machen können!

Anderen die Schuld zu geben, kostet enorme Mengen geistiger

Energie. Es frustriert und führt zu Streß und Krankheit. Schuldzuweisungen geben Ihnen zudem ein Gefühl der Machtlosigkeit, weil Ihr Glück von der Handlungsweise und dem Verhalten anderer abhängt, die sie nicht kontrollieren können. Wenn Sie aufhören, anderen die Schuld zu geben, werden Sie das Gefühl der Selbstbestimmung über Ihr Leben zurückgewinnen. Sie wissen dann, daß Sie, wenn Sie sich ärgern, eine Schlüsselrolle beim Schaffen Ihrer negativen Gefühle spielen; was aber auch heißt, daß Sie allein in der Lage sind, sich neue, positive Gefühle zu verschaffen. Das Leben macht weitaus mehr Spaß und ist leichter zu bewältigen, wenn Sie aufhören, anderen die Schuld zu geben. Versuchen Sie es doch einmal!

80.

Werden Sie zum Frühaufsteher

Ich habe miterlebt, wie diese einfache, praktische Strategie vielen Menschen geholfen hat, zu einem harmonischeren, bedeutungsvolleren Leben zu finden.

Viele Menschen wachen auf, machen sich schnell fertig, stürzen eine Tasse Kaffee hinunter und sprinten aus der Tür ins Büro. Nach einem langen Arbeitstag kommen sie müde nach Hause zurück. Ähnliches gilt für Männer oder Frauen, die bei ihren Kindern bleiben: Sie stehen auf und müssen sofort anfangen, ihre Kleinen zu betreuen. Es bleibt so gut wie keine Zeit für etwas anderes. Ob Sie nun arbeiten, Kinder erziehen oder gar beides tun – meistens sind Sie zu abgespannt, um das bißchen Zeit für sich überhaupt genießen zu können. Als Mittel gegen die Müdigkeit wird oft vorgebracht: »Ich sollte mich lieber mal richtig ausschlafen.« Und so verbringen Sie Ihre Freizeit mit Schlafen. Bei vielen Menschen entsteht so jedoch ein tiefes Verlangen: Es muß doch noch mehr geben im Leben als nur Arbeit, Kinder und Schlaf!

Sie können Ihre Erschöpfung auch ganz anders sehen: Sowohl der Mangel an Erfüllung als auch ein Gefühl des Überdrusses tragen zu Ihrer Müdigkeit bei. Und entgegen der landläufigen Meinung könnte ein bißchen *weniger* Schlaf und ein bißchen mehr Zeit für sich genau das sein, was Sie brauchen, um Ihr Gefühl der Erschöpfung zu bezwingen.

Mit ein oder zwei Stunden ganz für sich allein – *bevor* Ihr Tag beginnt – können Sie Ihre Lebensqualität ungeheuer verbessern. Ich stehe normalerweise zwischen drei und vier Uhr früh auf. Nach einer stillen Tasse Kaffee mache ich gewöhnlich Yoga und ein paar Minuten Meditation. Anschließend gehe ich meist nach oben und schreibe eine Weile, aber ich habe auch Zeit, ein oder zwei Kapitel in einem Buch zu lesen. Manchmal sitze ich auch einfach bloß ein paar Minuten lang da und tue gar nichts. Nie versäume ich es aber, den Sonnenaufgang über dem Berg zu genießen. Kein Telefon klingelt, niemand bittet mich, etwas für ihn zu tun, und es gibt nichts, was dringend zu erledigen ist. Der Morgen ist die bei weitem ruhigste Zeit des Tages.

Wenn meine Frau und Kinder dann aufwachen, habe ich das Gefühl, schon einen ganzen erfüllten Tag hinter mir zu haben. Egal, wieviel ich an dem Tag zu tun habe oder welche terminlichen Anforderungen an mich gestellt werden, ich habe »meine Zeit« gehabt. Ich fühle mich nie übervorteilt (wie leider viele Menschen), so, als gehöre mein Leben nicht mir. Ich glaube, daß ich mich dadurch meiner Frau und meinen Kindern besser widmen kann, aber auch meinen Klienten und anderen Menschen, die von mir abhängig sind.

Viele Menschen haben mir erzählt, daß diese Verschiebung in ihrem Tagesablauf die bei weitem wichtigste Veränderung in ihrem Leben war. Zum ersten Mal können sie all das in Ruhe tun, wofür sie sonst nie Zeit fanden. Plötzlich werden Bücher gelesen, wird meditiert, wird der Sonnenaufgang bewundert. Das Gefühl der Erfüllung macht den Schlaf, den Sie verlieren, mehr als wett. Und falls nötig, können Sie ja den Fernseher abends ausschalten und ein oder zwei Stunden früher ins Bett gehen.

81.

Versuchen Sie, im kleinen zu helfen

Mutter Teresa hat einmal gesagt: »Wir können auf dieser Erde keinen großen Dinge vollbringen. Wir können nur mit großer Liebe kleine Dinge tun.« Manchmal verhindern unsere hochfliegenden Pläne, zu einem späteren Zeitpunkt etwas Großartiges tun zu wollen, daß wir hier und jetzt im kleinen etwas bewirken. Ein Freund hat einmal zu mir gesagt: »Ich will mein Leben in den Dienst des Menschen stellen, aber im Moment kann ich noch nichts tun. Wenn ich einmal wirklich erfolgreich bin, widme ich mich meinen Zielen.« Inzwischen gibt es hungrige Menschen auf den Straßen, Senioren, die sich über ein wenig Gesellschaft freuen, Mütter, die Hilfe bei der Erziehung ihrer Kinder benötigen, Leute, die nicht lesen können, Nachbarn, deren Häuser einen neuen Anstrich vertragen, mit Abfall übersäte Straßen, Menschen, die jemanden zum Zuhören brauchen, und Tausende von Kleinigkeiten, die zu tun wären.
Mutter Teresa hatte schon recht. Wir können die Welt nicht

verändern, aber das brauchen wir auch gar nicht. Wenn wir die Welt ein wenig freundlicher gestalten wollen, müssen wir uns nur auf die kleinen Akte der Nächstenliebe konzentrieren, auf die Dinge, die wir hier und jetzt tun können. Ich setze das am liebsten in Form meiner eigenen Hilfsrituale und durch kleine Freundlichkeiten um – Kleinigkeiten, die mir enorme Befriedigung und Seelenfrieden geben. Oft sind es gar nicht die Millionen-Dollar-Stiftungen riesiger Organisationen, die am dankbarsten aufgenommen werden, sondern die eine Stunde ehrenamtliche Mitarbeit in einem Altenheim oder das Fünf-Dollar-Geschenk von jemandem, der sich das eigentlich gar nicht leisten kann.

Wenn wir nur sehen, wie wenig Wirkung unsere Akte der Nächstenliebe im großen Weltgeschehen zeigen, sind wir natürlich frustriert – und benutzen unsere Hoffnungslosigkeit als Ausrede, um schließlich gar nichts zu tun. Wenn wir uns jedoch bemühen, etwas – irgend etwas – zu unternehmen, werden wir die Freude des Gebens spüren und dazu beitragen, unsere Welt ein klein wenig lebenswerter zu gestalten.

82.

Bedenken Sie: In hundert Jahren leben völlig andere Menschen

Diesen klugen Satz habe ich von meiner Freundin Patti, die ihn bei einem ihrer Lieblingsautoren fand. Er hilft mir, mein Leben im rechten Licht zu sehen.

In der Geschichte der Erde sind hundert Jahre nicht viel. Doch eines steht fest: In diesem Zeitraum wird keiner von uns mehr auf diesem Planeten sein. Und wenn wir uns das immer wieder vor Augen halten, wird uns klar, daß unsere vermeintlichen Krisen und Streßsituationen gar nicht so schlimm sind.

Welche Bedeutung hat es schon in hundert Jahren, daß Ihr Auto einen Platten hat oder Sie sich aus dem Haus ausgesperrt haben? Oder wenn jemand unfreundlich war oder Sie fast die ganze Nacht durcharbeiten mußten? Und wenn nun Ihr Haus nicht geputzt ist oder Ihr Computer abstürzt? Angenommen, Sie können es sich nicht leisten, den wohlverdienten Urlaub zu machen, ein neues Auto zu kaufen oder in eine größere Wohnung zu ziehen? All diese Dinge sehen doch ganz anders aus, wenn man sie aus der Distanz von hundert Jahren betrachtet.

Erst heute morgen befand ich mich an einer Art geistiger Weggabelung, als ich mich mit einer Minikrise bei der Arbeit konfrontiert sah. Ein Termin war zweimal vergeben worden, und zwei Klienten stellten sich zur gleichen Zeit ein. Der Gedanke, daß in hundert Jahren niemand mehr an diesen Irrtum denken würde, rettete mich davor, mich aufzuregen und zu verkrampfen. Ruhig übernahm ich die volle Verantwortung für den Fehler, und einer der Klienten machte bereitwillig einen neuen Termin aus. Wie so oft war dies eine Mücke, aus der nur zu leicht ein Elefant hätte werden können.

83.

Nimm's leicht!

Wir sind heutzutage alle viel zu ernst. Meine ältere Tochter sagt oft zu mir: »Daddy, du hast schon wieder diesen ernsten Blick.« Selbst jene unter uns, die sich der Entspannung verschrieben haben, wirken wenig locker. Wir regen uns über so gut wie alles auf: Wenn wir uns fünf Minuten verspäten, wenn jemand anders sich ein paar Minuten verspätet, wenn wir im Stau steckenbleiben, wenn jemand uns schräg anguckt oder das Falsche sagt, wenn wir in einer Schlange warten müssen, wenn das Mittagessen verkocht ist, wenn wir einen Fehler machen, über Rechnungen – was es auch sei, wir machen aus einer Mücke einen Elefanten.

Die Wurzel unserer Frustration liegt in unserem Widerwillen zu akzeptieren, daß das Leben – wie auch immer – von unseren Erwartungen abweicht. Anders gesagt, wir wollen, daß alles in einer bestimmten Weise verläuft, aber so geht es nun einmal nicht. Das Leben ist so, wie es ist. Benjamin Franklin hat es vielleicht am besten ausgedrückt: »Unsere beschränkte Sichtweise, unsere Hoffnungen und Ängste werden zu unserem Maßstab des Lebens, und wenn die Umstände unseren Vorstellungen nicht entsprechen, werden sie zu unseren Schwierigkeiten.« Das ganze Leben lang wünschen wir uns, daß die Dinge, die Menschen, die Ereignisse so sind, wie wir sie haben wollen, und ist das nicht der Fall, kämpfen und leiden wir.

Um darüber hinwegzukommen, alles überernst zu nehmen, ist es zunächst nötig, sich einzugestehen, daß Sie ein Problem haben. Sie müssen sich ändern wollen, um gelassener zu werden. Dazu müssen Sie einsehen, daß Sie für Ihre Angespanntheit zum größten Teil selbst verantwortlich sind – durch die Art, wie Sie Ihr Leben gestalten und wie Sie auf die verschiedenen Umstände reagieren.

Als nächstes ist es notwendig, die Verbindung zu erkennen zwischen Ihren Erwartungen und der Stärke Ihrer Frustration. Immer wenn Sie bestimmte Vorstellungen haben, die sich nicht erfüllen, regen Sie sich auf, ärgern sich, und das ist gar nicht gut für Sie. Wenn Sie sich dagegen von Ihren Erwartungen lösen, wenn Sie das Leben nehmen, wie es kommt, dann sind Sie frei. An etwas krampfhaft festzuhalten, bedeutet Ernst und Anspannung. Vorstellungen fahrenzulassen, bedeutet, sich das Leben zu erleichtern.

Das können Sie gut üben, indem Sie einmal einen Tag ohne Erwartungen angehen: Erwarten Sie nicht, daß die Menschen nett sind. Wenn sie es nicht sind, wird Sie das weder überraschen noch ärgern; sind sie es doch, werden Sie entzückt sein. Erwarten Sie nicht, daß der Tag keine Probleme mit sich bringen wird. Sagen Sie sich statt dessen, wenn Schwierigkeiten auftreten: »Aha, wieder eine Hürde zu nehmen.« Wenn Sie mit einem Tag auf diese Weise umgehen, wird Ihnen klar, wie angenehm das Leben sein kann. Statt gegen das Leben anzukämpfen, tanzen Sie in seinem Rhythmus mit. Mit ein wenig Übung wird schon bald Ihr ganzes Dasein heiter und leicht. Und dann haben Sie allen Grund zur Lebensfreude.

84.

Hegen Sie eine Pflanze

Auf den ersten Blick mag dieser Vorschlag merkwürdig oder auch oberflächlich erscheinen. Was sollte es schon groß bringen, sich um eine Pflanze zu kümmern?
Eines der Ziele spirituellen Lebens und eine der Voraussetzungen für inneren Frieden ist die Fähigkeit, vorbehaltlos zu lieben. Das Problem ist nur, daß das bei einem Menschen oft sehr schwierig ist. Unweigerlich sagt oder tut derjenige, den wir zu lieben versuchen, das Falsche oder kommt in anderer Weise unseren Erwartungen nicht nach. Dann ärgern wir uns und machen unsere Zuneigung von Bedingungen abhängig: »Ich liebe dich, aber du mußt dich ändern. Du mußt dich so verhalten, wie ich es will.«
Deshalb fällt es einigen Menschen leichter, ihr Haustier zu lieben als die Menschen in ihrem Leben. Doch selbst bei einem Haustier fällt bedingungslose Liebe oft schon schwer genug. Was passiert, wenn Ihr Hund Sie mitten in der Nacht durch

unnötiges Bellen aufweckt oder Ihren Lieblingsteppich durch einen kleinen Unfall ruiniert? Mögen Sie ihn dann immer noch genauso? Meine Kinder haben ein Kaninchen. Es war beispielsweise sehr schwierig, dieses Kaninchen zu lieben, als es einmal in mein wunderschön geschreinertes Holztor ein Loch geknabbert hat! Eine Pflanze läßt sich jedoch lieben, so wie sie ist. Daher bietet uns das Hegen einer Pflanze eine wunderbare Gelegenheit, uns in vorbehaltloser Liebe zu üben.

Warum tritt so gut wie jede spirituelle Tradition für vorbehaltlose Liebe ein? Weil der Liebe eine transformierende Kraft innewohnt. Bedingungslose Liebe erzeugt sowohl im Geber als auch im Empfänger ein Gefühl des Friedens.

Suchen Sie sich eine Pflanze aus, drinnen oder draußen, die Sie nun jeden Tag pflegen werden. Kümmern Sie sich um diese Pflanze und lieben Sie sie, als wäre sie Ihr Kind (es fällt leichter, sich um eine Pflanze als um ein Baby zu kümmern – keine schlaflosen Nächte, keine Windeln, kein Gebrüll). Sprechen Sie zu der Pflanze, erzählen Sie ihr, wie sehr Sie sie mögen. Lieben Sie Ihre Pflanze, ob sie nun blüht oder nicht, ob sie gedeiht oder eingeht. Lieben Sie sie einfach. Und beobachten Sie Ihre Gefühle, wenn Sie dieser Pflanze Ihre vorbehaltlose Liebe schenken. Bei dieser Art von Zuneigung sind Sie nie erregt, gereizt oder gehetzt. Sie befinden sich einfach in einem von Liebe erfüllten Raum. Üben Sie dieses Gefühl jedesmal, wenn Sie Ihre Pflanze sehen, mindestens aber einmal pro Tag.

Schon bald werden Sie Ihre Liebe über die Pflanze hinaus ausweiten können. Sie werden merken, was für ein schönes Gefühl es ist zu lieben, und diese Liebe auch den Menschen in Ihrem Leben schenken wollen. Üben Sie, nicht zu erwarten, daß diese sich ändern, bevor ihnen Ihre Liebe zuteil wird. Lieben Sie Ihre Mitmenschen so, wie sie sind. Ihre Pflanze ist eine wundervolle Lehrmeisterin. Sie zeigt Ihnen die Kraft der Liebe.

85.

Überdenken Sie Ihre Einstellung zu Ihren Problemen

Hindernisse und Probleme sind Bestandteile des Lebens. Wahres Glück stellt sich nicht ein, wenn wir uns all unserer Probleme entledigt haben, sondern wenn wir unsere Einstellung ihnen gegenüber revidieren, wenn wir unsere Probleme als potentielles Mittel des Erwachens, als Möglichkeit sehen, uns in Geduld zu üben und neue Erfahrungen zu machen. Das vielleicht wichtigste Grundprinzip des spirituellen Lebens ist, daß wir an unseren Problemen am besten lernen können, unser Herz zu öffnen.

Ganz unbestreitbar müssen manche Probleme gelöst werden. Aber in vielen Fällen bereiten wir uns manche Schwierigkeiten auch selbst, weil wir uns abplagen, unser Leben anders zu gestalten, als es nun einmal ist. Innerer Friede läßt sich nur erreichen, wenn man die unausweichlichen Widersprüche des Lebens – Schmerz und Vergnügen, Erfolg und Mißerfolg, Freude und Sorge, Geburt und Tod – verstehen und akzeptieren lernt. Probleme können uns Demut und Geduld lehren.

In der buddhistischen Tradition gelten Schwierigkeiten als unverzichtbar für ein Leben, das durch inneres Wachsen und Frieden geprägt ist. Ein tibetanisches Gebet bittet sogar darum; es lautet: »Gib, daß ich auf dieser Reise mit den angemessenen Schwierigkeiten und Leiden bedacht werden möge, auf daß mein Herz wahrhaft erwache und mein Fortgang der Befreiung und universellen Mitgefühls sich wahrhaft erfülle.« Ist das Leben zu einfach, gibt es dieser Auffassung nach zu wenig Möglichkeiten, sich wirklich weiterzuentwickeln.
Ich möchte nicht so weit gehen, Ihnen zu empfehlen, aktiv nach Problemen zu suchen. Ich wage dennoch zu behaupten, wenn Sie weniger Zeit damit zubringen, vor Problemen davonzulaufen oder sich ihrer zu entledigen und Sie sie statt dessen als natürlichen, ja wichtigen Teil des Lebens akzeptieren, bald entdecken werden, daß das Leben eher einem Tanz gleicht als einem Kampf. Diese Philosophie der Akzeptanz befindet sich hinter der Einstellung: Das Leben eben nehmen, wie das Leben eben ist.

86.

Versuchen Sie beim nächsten Streit, zunächst den Standpunkt Ihres Gegenübers zu verstehen, anstatt Ihren eigenen zu verteidigen

Es ist doch interessant, daß bei einer Meinungsverschiedenheit Ihr Gegenüber genauso überzeugt von seinem Standpunkt ist wie Sie von dem Ihren. Und dennoch ergreifen wir jedesmal Partei – unsere eigene! So reagiert unser Ego, wenn es sich weigert, irgend etwas Neues dazuzulernen. Es ist auch eine Angewohnheit, die viel unnötigen Streß schafft.

Als ich das erste Mal bewußt versuchte, zunächst den Standpunkt eines anderen zu verstehen, fand ich etwas wirklich Wunderbares heraus: Es tat überhaupt nicht weh und brachte mich dem Menschen, mit dem ich mich gerade stritt, sehr viel näher.

Angenommen, ein Freund sagt: »Liberale (oder Konservative) sind die Wurzel all unserer sozialen Probleme.« Statt automatisch Ihren eigenen (wie auch immer gearteten) Standpunkt zu verteidigen, könnten Sie versuchen, etwas dazuzulernen. Erwidern Sie darauf: »Erklär mir, warum du davon so überzeugt bist.« Sagen Sie das ohne Hintergedanken und auch nicht in

Vorbereitung darauf, Ihre Einstellung zu verteidigen, sondern versuchen Sie schlicht und einfach, eine andere Auffassung kennenzulernen. Unternehmen Sie keine Anstrengungen, Ihren Freund zu korrigieren oder ihn zu überzeugen, warum er unrecht hat. Lassen Sie Ihrem Freund die Genugtuung, recht zu haben. Üben Sie, gut zuzuhören.

Entgegen der landläufigen Meinung macht Sie das nicht zum Schwächling. Es bedeutet nicht, daß Sie keine festen Überzeugungen haben oder daß Sie zugeben, selbst im Unrecht zu sein. Sie versuchen lediglich, den Standpunkt eines anderen zu verstehen. Es ist nämlich ein ungeheurer Aufwand, ständig seine starre Haltung zu verteidigen. Auf der anderen Seite kostet es überhaupt keine Energie, einem anderen seine Meinung zuzugestehen. Im Gegenteil, es läßt Sie neue Kraft schöpfen.

Wenn Sie die Haltung und den Standpunkt anderer Menschen zu verstehen versuchen, passieren gleich mehrere wunderbare Dinge. Erstens: Sie lernen oft etwas Neues; Sie erweitern Ihren Horizont. Zweitens: Wenn Ihr Gesprächspartner das Gefühl hat, gehört zu werden, wird er Sie dafür weitaus mehr schätzen und respektieren, als wenn Sie ihn ständig unterbrechen, um Ihre eigene Meinung vorzubringen. Unterbrochen zu werden, macht nur noch entschlossener und starrer. Fast immer wird der andere, wenn Sie weniger barsch dreinfahren, auch an Härte verlieren; vielleicht nicht sofort, aber doch mit der Zeit. Indem Sie sich also zunächst bemühen, Ihr Gegenüber zu verstehen, stellen Sie Ihre Liebe und Ihren Respekt für Ihren Gesprächspartner über Ihr Bedürfnis, recht haben zu wollen. Sie üben eine Art bedingungslose Liebe aus. Ein positiver Nebeneffekt: Ihr Gesprächspartner hört sich dann vielleicht sogar ebenso wohlwollend Ihren Standpunkt an. Dafür gibt es zwar keine Garantie, aber eines ist sicher: Wenn Sie nicht zuhören, wird er es auch nicht für nötig halten, Ihnen zuzuhören. Indem Sie also den ersten Schritt tun, können Sie die Spirale der Sturheit unterbrechen.

87.

Geben Sie dem Begriff »bedeutsame Leistung« einen neuen Inhalt

Manchmal steigen uns unsere sogenannten Leistungen nur zu leicht zu Kopf. Unser ganzes Leben lang streben wir nach Leistung, suchen Beifall und ernten oft auch Lob und Anerkennung – und verlieren dabei völlig aus den Augen, was wirklich bedeutsam ist.

Fragen Sie (wie ich es unzählige Male getan habe) den Mann auf der Straße: »Was ist eine bedeutsame Leistung?«, und die typische Antwort wird lauten: »ein langgestecktes Ziel zu erreichen«, »viel Geld zu verdienen«, »beim Spielen zu gewinnen«, »eine Beförderung zu erhalten«, »der Beste zu sein«, »ein Lob zu bekommen« und so weiter. Die Betonung liegt fast immer auf den *äußerlichen* Aspekten des Lebens. Diese Kategorie von Leistungen ist keineswegs zu verachten – mit ihnen können wir Fortschritte messen und unsere Lebensumstände verbessern. Wenn Ihr oberstes Ziel jedoch darin besteht, Zufriedenheit und inneren Frieden zu finden, sind sie nicht wirklich wichtig. Sein

Foto in der Lokalzeitung zu sehen, mag ja ganz nett sein, aber es ist weniger bedeutsam als zu lernen, auch unter widrigen Umstände die Ruhe zu bewahren. Dennoch würden viele Menschen die Veröffentlichung ihres Konterfeis als große Leistung empfinden, wogegen Ausgeglichenheit überhaupt nicht ins Gewicht fällt. Wo liegen also unsere Prioritäten?

Wenn die Fähigkeit, gelassen und liebevoll zu sein, zu Ihren obersten Zielen gehört, warum definieren Sie dann nicht Ihre bedeutsamsten Leistungen so, daß Eigenschaften wie Freundlichkeit und Glück eine wichtige Rolle spielen?

Ich halte all die Leistungen für bemerkenswert, die von innen heraus kommen: War ich freundlich zu mir und anderen? Habe ich auf eine Herausforderung überreagiert oder war ich ruhig und gelassen? Bin ich glücklich? Habe ich mich an Problemen festgebissen oder konnte ich sie loslassen und fortschreiten? War ich zu stur? Konnte ich vergeben? Diese und viele ähnliche Fragen gemahnen uns, daß das wahre Maß unseres Erfolgs nicht in unserem Tun liegt, sondern darin, wer wir sind und wieviel Liebe wir in unserem Herzen haben.

Versuchen Sie, anstatt völlig im Äußerlichen aufzugehen, das zu betonen, was wirklich wichtig ist. Bedeutsamen Leistungen einen neuen Inhalt zu geben, hilft Ihnen, auf dem richtigen Weg zu bleiben.

88.

Hören Sie auf Ihre Gefühle (sie versuchen, Ihnen etwas zu sagen)

Ihnen steht ein idiotensicheres Steuerungssystem zur Verfügung, das Sie durchs Leben leitet. Dieses System, das einzig und allein aus Ihren Gefühlen besteht, läßt Sie wissen, ob Sie vom Weg abgekommen sind und auf Konflikte und somit Unzufriedenheit zusteuern – oder ob Sie noch auf dem richtigen Weg sind, dem Weg, der zu innerem Frieden führt. Ihre Gefühle fungieren als Barometer, teilen Ihnen mit, wie Ihre innere Wetterlage gerade aussieht.

Wenn Ihre Gedanken nicht ständig um das gleiche kreisen, weil Sie einmal wieder etwas zu ernst nehmen, dann sind Ihre Gefühle im allgemeinen positiv. Sie werden bestätigen, daß Sie Ihr Denken zu Ihrem Vorteil nutzen; ein geistiges Regulieren entfällt dann.

Wenn Sie das Leben als unangenehm empfinden, wenn Sie verärgert, zornig, deprimiert, gestreßt, frustriert sind, meldet sich Ihr Warnsystem der Gefühle wie eine Sirene, um anzuzeigen, daß Sie vom Weg abgekommen sind, daß es an der Zeit ist, die Gedanken zur Ruhe kommen zu lassen, ins Lot zu bringen. Hier wird eine mentale Regulierung dann notwendig. Sie können Ihre negativen Gefühle mit den warnenden Blinklichtern an Ihrem Armaturenbrett im Auto vergleichen. Wenn sie aufleuchten, wissen Sie, daß es an der Zeit ist, weniger vorzupreschen.

Entgegen der landläufigen Meinung brauchen negative Gefühle nicht untersucht und analysiert zu werden. Sobald Sie sie nämlich analysieren, vermehren sich diese unguten Empfindungen nur unnötig.

Versuchen Sie also, wenn Sie sich das nächste Mal schlecht fühlen, sich nicht im »Analysenetz« zu verfangen, sich nicht zu fragen, warum Sie sich so fühlen, sondern sich statt dessen von Ihren Empfindungen zurück zu heiterer Gelassenheit leiten zu lassen. Verleugnen Sie deshalb Ihre negativen Gefühle aber nicht, sondern machen Sie sich klar, daß Sie momentan traurig, zornig oder gestreßt sind, weil Sie das Leben zu ernst nehmen, weil Sie aus jeder Mücke einen Elefanten machen. Statt die Ärmel hochzukrempeln und den Kampf mit dem Leben aufzunehmen, sollten Sie innehalten, ein paarmal tief durchatmen und sich entspannen. Denken Sie daran: Das Leben ist kein Notfall, außer Sie machen es zu einem.

89.

Erkennen Sie: Wenn Ihnen jemand einen Ball zuwirft, müssen Sie ihn noch lange nicht auffangen

Diese wertvolle Lektion verdanke ich meinem besten Freund, Benjamin Shield. Oft sind unsere inneren Kämpfe auf die Neigung zurückzuführen, die Probleme anderer zu unseren eigenen zu machen. Jemand wirft Ihnen eine Sorge zu, und Sie gehen davon aus, daß Sie sie auffangen und darauf reagieren müssen. Nehmen wir zum Beispiel an, Sie sind gerade sehr beschäftigt, wenn eine Freundin anruft und verzweifelt sagt: »Meine Mutter treibt mich noch in den Wahnsinn. Was soll ich bloß tun?« Statt zu antworten: »Tut mir leid, aber mir fällt da wirklich nichts ein«, fangen Sie automatisch den Ball auf und versuchen, das Problem zu lösen. Später fühlen Sie sich dann gestreßt oder sind ärgerlich, weil Sie hinter Ihrem Zeitplan herhinken und weil alle etwas von Ihnen zu wollen scheinen. Schnell verliert man jedoch die willige Mitverantwortung an den Dramen des eigenen Lebens aus dem Auge.

Wollen Sie den Streß in Ihrem Leben tatsächlich reduzieren,

dann sollten Sie unbedingt daran denken, daß Sie den Ball, den man Ihnen zuspielt, nicht auffangen müssen. Wenn Ihre Freundin anruft, *dürfen* Sie den Ball durchaus fallenlassen, das heißt, Sie müssen sich nicht von ihr in eine Sache hineinziehen lassen, die Sie eigentlich nicht betrifft. Wenn Sie den Köder nicht schlucken, wird Ihre Freundin sich wahrscheinlich an jemand anders wenden, um zu sehen, ob der bereit ist mitzuziehen.

Das soll natürlich nicht bedeuten, daß Sie einen Ball nie auffangen sollen, sondern nur, daß Sie grundsätzlich die Wahl haben. Und es soll damit auch nicht gesagt werden, daß Ihnen Ihre Freundin egal ist oder Sie gefühllos sind. Um dem Leben mit mehr Ruhe und Gelassenheit begegnen zu können, müssen wir unsere Grenzen kennen und allein die Verantwortung für unseren Anteil innerhalb des Prozesses übernehmen. Den meisten von uns werden am Tag viele Bälle zugeworfen – bei der Arbeit, von unseren Kindern, Freunden, Nachbarn, Verkäufern, ja sogar von Fremden. Wenn ich alle Bälle auffangen wollte, die in meine Richtung geflogen kommen, würde ich mit Sicherheit verrückt werden – und Sie bestimmt auch! Das Entscheidende ist zu merken, wenn wir einen Ball auffangen, damit wir uns nicht übervorteilt oder überfordert fühlen.

Selbst etwas so Banales wie ans Telefon zu gehen, wenn Sie eigentlich keine Zeit für ein Gespräch haben, ist nämlich eine Form des Ballfangens. Indem Sie zu telefonieren beginnen, nehmen Sie bereitwillig an einer Interaktion teil, für die Sie im

Moment weder die Zeit noch die Energie, noch die richtige Einstellung haben. Indem Sie das Klingeln ignorieren, übernehmen Sie die Verantwortung für Ihre innere Ruhe. Dasselbe gilt für Beleidigungen oder kritische Äußerungen. Wenn Sie mit einer Idee oder einer Bemerkung konfrontiert werden, können Sie sie aufgreifen und sich womöglich verletzt fühlen, oder Sie können Sie abprallen lassen und Ihrer Wege gehen.

Die Idee, einen Ihnen zugespielten Ball nicht aufzufangen, ist ein wirkungsvolles Instrument, das Sie ausprobieren sollten. Sie werden nämlich feststellen, daß Sie den Ball weitaus häufiger auffangen, als Sie glauben.

90.

Machen Sie sich bewusst, dass nichts ewig währt

Diese Strategie habe ich erst kürzlich in mein Leben integriert. Sie ist eine sanfte Mahnung, daß alles – das Gute wie das Schlechte, Freude und Leid, Billigung und Mißbilligung, Leistungen und Fehler, Ruhm und Schande – kommt und geht. Alles hat einen Anfang und ein Ende, und das ist auch gut so.
Alle Erfahrungen, die Sie je gemacht haben, sind vorbei. Jeder Gedanke, den Sie hatten, begann einmal und fand ein Ende. An die Stelle sämtlicher Empfindungen und Stimmungen, die Sie bislang durchgemacht haben, sind andere getreten. Sie waren glücklich, traurig, eifersüchtig, deprimiert, zornig, verliebt, beschämt, stolz und alles, was es in der Palette menschlicher Gefühle gibt. Wo sind sie alle hin? Die Antwort lautet: Niemand weiß das so richtig. Sicher ist nur, daß schließlich alles im Nichts verschwindet. Diese Wahrheit anzuerkennen, ist der Anfang eines befreienden Abenteuers.
Unsere Enttäuschungen sind zweifacher Natur: Wenn wir Freu-

de empfinden, wünschen wir uns, sie möge nie enden; natürlich tut sie das trotzdem. Wenn wir Schmerzen empfinden, hoffen wir, daß sie sofort verschwinden; gewöhnlich tun sie uns diesen Gefallen nicht. Unzufriedenheit entsteht, weil wir uns gegen den natürlichen Lauf der Dinge stemmen.

Da hilft es ganz enorm, mit dem Bewußtsein zu experimentieren, daß das Leben nur aus einer Abfolge von Ereignissen besteht. Ein Augenblick folgt dem nächsten. Wenn wir etwas genießen, müssen wir uns klarmachen, daß, so schön unsere Glücksgefühle gerade auch sein mögen, sie schließlich durch einen andersgearteten Augenblick ersetzt werden. Wenn Sie diese Tatsache akzeptieren, werden Sie auch bei Veränderungen Frieden empfinden. Aber auch wenn Sie Schmerzen oder Mißbilligung erleben, tut es gut, sich zu vergegenwärtigen, daß sie nur eine Frage der Zeit sind. Nichts währt ewig! Wenn Sie sich das immer wieder bewußtmachen, werden Sie auch angesichts von Widrigkeiten ausgeglichen und gelassen bleiben. Das ist nicht immer einfach, aber hilfreich.

91.

Erfüllen Sie Ihr Leben mit Liebe

Ich kenne keinen, der sich nicht ein von Liebe erfülltes Leben wünscht. Damit unser Traum wahr wird, müssen wir in unserem Innern anfangen. Anstatt darauf zu warten, daß andere Menschen uns die Liebe zuteil werden lassen, nach der wir uns sehnen, müssen *wir* eine Vision und eine Quelle der Liebe sein. Wir müssen Herzenswärme zeigen, um anderen ein Beispiel zu geben, dem sie folgen können.

Jemand hat einmal gesagt: »Die kürzeste Entfernung zwischen zwei Punkten ist der Wille.« Das trifft auf jeden Fall auch auf ein von Liebe erfülltes Leben zu. Der Ausgangspunkt oder die Basis für ein Leben voller Liebe ist der Wunsch bzw. Wille, selbst eine Quelle der Liebe zu sein. Unsere Einstellung, unsere freundlichen Gesten und unsere generelle Bereitschaft, den ersten Schritt zu tun, wird uns diesem Ziel näherbringen.

Wenn Sie wieder einmal frustriert sind über den Mangel an Liebe in Ihrem Leben oder in der Welt, sollten Sie einfach etwas ausprobieren: Vergessen Sie für ein paar Minuten die Welt und die anderen Menschen und schauen Sie statt dessen in Ihr eigenes Herz. Können Sie eine Quelle größerer Liebe werden? Können Sie in liebevoller Weise an sich selbst und an andere denken? Können Sie diese liebevollen Gedanken auch auf den Rest der Welt ausdehnen – selbst auf Menschen, die es Ihrer Meinung nach nicht verdienen?

Indem Sie Ihr Herz der Möglichkeit größerer Liebe öffnen und es zu Ihrem Hauptanliegen machen, eine Quelle der Liebe zu werden (anstatt nur Liebe zu empfangen), werden Sie auch weitaus eher die Zuwendung bekommen, die Sie sich wünschen. Je mehr Liebe Sie geben, desto mehr empfangen Sie auch. Anders gesagt: Je mehr Sie sich darum bemühen, ein liebevoller Mensch zu sein – was allein in Ihrer Hand liegt –, und je weniger Sie danach streben, Liebe zu empfangen – was Sie nicht in der Hand haben –, desto mehr werden Sie die Erfahrung machen, daß Ihr Leben von ungeheuer viel Liebe erfüllt ist. Bald werden Sie eines der großen Geheimnisse dieser Welt entdecken: Liebe ist sich selbst der Lohn.

92.

Erkennen Sie die Macht Ihrer Gedanken

Wenn es einen Zusammenhang gibt, den Sie sich unbedingt vergegenwärtigen sollten, dann ist es die mentale Beziehung zwischen dem, was Sie denken, und dem, was Sie fühlen.
Es muß Ihnen klar sein, daß Sie ununterbrochen denken. Und glauben Sie nur ja nicht, daß Sie sich dieser Tatsache schon bewußt sind! Denken Sie zum Beispiel einmal über Ihre Atmung nach. Bis zu diesem Augenblick, als Sie diesen Satz gelesen haben, war Ihnen vermutlich gar nicht aufgefallen, daß Sie überhaupt atmen. Wenn wir nicht gerade außer Atem sind, vergessen wir es in der Regel völlig.
Mit dem Denken ist auch nicht anders. Weil wir dauernd damit beschäftigt sind, übersehen wir nur zu leicht, daß wir überhaupt denken. Anders als beim Atmen kann es hier jedoch zu ernsten Problemen – Unzufriedenheit, Zorn, innere Konflikte und Streß – führen, wenn Sie einfach vergessen, daß Sie denken. Die Ursache dafür liegt darin, daß Ihre Gedanken immer wieder in

Form von Gefühlen zu Ihnen zurückkommen; es besteht ein direkter Zusammenhang.
Versuchen Sie zum Beispiel einmal, zornig zu sein, ohne zuvor zornige Gedanken gehabt zu haben! Und jetzt versuchen Sie, sich gestreßt zu fühlen, ohne sich vorher stressige Gedanken gemacht zu haben, oder traurig zu sein ohne traurige Gedanken, oder eifersüchtig ohne eifersüchtige Gedanken. Es wird Ihnen nicht gelingen, es ist schlichtweg unmöglich. Um ein Gefühl zu empfinden, müssen Sie also zuerst einen Gedanken haben, der dieses Gefühl dann hervorbringt.
Unzufriedenheit kann nicht allein für sich auftreten. Unzufriedenheit ist ein Gefühl, das mit negativen Gedanken zum Leben einhergeht. Ohne diese Gedanken kann die Unzufriedenheit – oder auch Streß oder Eifersucht – nicht existieren. Nur Ihre Gedanken halten diese unschönen Gefühle fest. Wenn Sie sich also wieder einmal ärgern, dann achten Sie auf Ihre Gedanken – sie sind dann sicher negativ. Machen Sie sich nun klar, daß nicht Ihr Leben negativ ist, sondern Ihre Denkweise. Damit ist der erste Schritt getan zurück auf den Pfad zu Glück und Zufriedenheit. Etwas Übung ist natürlich erforderlich, aber Sie können Ihr Ziel erreichen, indem Sie Ihre negativen Gedanken so ähnlich behandeln wie Fliegen bei einem Picknick: Sie verscheuchen sie einfach und lassen sich nicht weiter stören.

93.

Machen Sie sich bewusst: Mehr ist nicht unbedingt besser

Wir leben in der wohlhabendsten Gesellschaft, die die Welt je gesehen hat. Schätzungen haben ergeben, daß Amerika zwar nur sechs Prozent der Bevölkerung stellt, aber die Hälfte aller Rohstoffvorkommen verbraucht. Wenn mehr also tatsächlich besser wäre, müßten wir eigentlich in der glücklichsten und zufriedensten Gesellschaft aller Zeiten leben. Das ist aber nicht der Fall; auch nicht annähernd. Unsere Gesellschaft ist die nachweislich unzufriedenste.

Viel zu besitzen, ist ja an sich nicht schlecht, falsch oder schädlich, aber der Wunsch, immer mehr anzuhäufen, ist schier unersättlich. Solange Sie glauben, mehr sei besser, werden Sie nie zufrieden sein.

Sobald wir etwas bekommen oder erreicht haben, gehen wir sofort zum nächsten über. Dadurch bringen wir uns darum, dankbar zu sein für unser Leben und die vielen guten Dinge, mit denen wir bereits gesegnet sind.

Ich kenne zum Beispiel einen Mann, der sich in einer hübschen Gegend ein schönes Haus gekauft hat. Er war glücklich bis zu dem Tag, an dem er einzog. Dann war der Reiz des Neuen verflogen. Er wünschte sich ein noch größeres, schöneres Heim. Durch seine Mehr-ist-besser-Denkweise konnte er sein Haus nicht einen einzigen Tag lang genießen! Und so geht es leider vielen; wir sind, in unterschiedlichem Ausmaß natürlich, irgendwie alle so. Diese Tendenz geht sogar so weit, daß der Dalai Lama, nachdem er den Friedensnobelpreis gewonnen hatte, sogleich von einem Reporter gefragt wurde: »Und was kommt als nächstes?« Egal, was wir tun – ob wir ein Haus, ein Auto oder Kleidung kaufen, ein Essen zu uns nehmen, einen Partner finden oder eine angesehene Auszeichnung erhalten –, nie ist es genug.

Dieser heimtückischen Angewohnheit können Sie entgegenwirken, indem Sie sich überzeugen, daß mehr nicht besser ist und daß das eigentliche Problem nicht darin besteht, etwas nicht zu besitzen, sondern darin, immer noch mehr haben zu wollen. Zufriedenheit bedeutet nicht, daß Sie sich nie wieder etwas wünschen können, sollten oder dürften, sondern nur, daß Ihr Glück davon nicht abhängt. Sie können lernen, mit dem zufrieden zu sein, was Sie haben, indem Sie sich mehr auf den gegenwärtigen Moment konzentrieren und nicht ständig an das denken, was Sie gern hätten. Wenn sich also Gedanken an das, was Ihr Leben vermeintlich verbessern könnte, in Ihren Kopf

schleichen, dann sollten Sie sich ganz sanft daran erinnern, daß auch ein Erfüllen dieser Wünsche Sie kein bißchen glücklicher machen würde, denn der Wunsch nach mehr bleibt immer bestehen.
Lernen Sie, sich über das zu freuen, was Sie schon haben. Betrachten Sie Ihr Leben mit klaren Augen, so, als sähen Sie es zum ersten Mal. Indem Sie dieses neue Bewußtsein entwickeln, werden Sie feststellen, daß Ihre Freude und Dankbarkeit mit jeder Leistung, jeder Errungenschaft zunehmen wird.
Ein exzellenter Maßstab für Zufriedenheit ist die Erkenntnis des Unterschieds zwischen dem, was Sie haben, und dem, was Sie gerne hätten. Sie können Ihr ganzes Leben damit zubringen, immer mehr zu wollen, ständig dem Glück hinterherzujagen – oder Sie können beschließen, einfach ganz bewußt weniger anzustreben. Und diese Strategie ist bei weitem einfacher und erfüllender zugleich.

94.

Fragen Sie sich: Was ist mir wirklich wichtig?

Heutzutage fühlt man sich nur zu schnell überfordert und überwältigt von den Aufgaben und Zielen, dem Chaos des Lebens. Steht man aber erst einmal unter Streß, ist die Versuchung groß, zu vergessen und hinauszuschieben, was einem am meisten am Herzen liegt. In diesen Momenten hilft es mir, wenn ich mich frage: »Was ist mir wirklich wichtig?«

Als Teil meiner frühmorgendlichen Rituale nehme ich mir auch ein paar Sekunden Zeit für diese Überlegung. Indem ich mir vergegenwärtige, was wirklich von Bedeutung ist, gelingt es mir, meine Prioritäten zurechtzurücken. Ich weiß, daß ich trotz der Vielzahl von Aufgaben und Pflichten selbst bestimmen kann, was mir das Wichtigste ist in meinem Leben und wie ich meine Energien nutzen möchte – für meine Frau und meine Kinder dazusein, zu schreiben, innerlich an mir zu arbeiten und so weiter.

Obwohl diese Strategie mehr als simpel scheint, ist sie doch

immens hilfreich, wenn es darum geht, den Dingen den richtigen Stellenwert zukommen zu lassen. Habe ich mir einen Moment lang klargemacht, was wirklich relevant für mich ist, bin ich mehr auf das Hier und Jetzt konzentriert, weniger in Eile und weniger rechthaberisch. Sonst vergesse ich meine Prioritäten und verliere mich in meiner ziellosen Geschäftigkeit. Ich stürze aus dem Haus, arbeite bis nach Feierabend, werde ungeduldig, tue nichts für meinen Körper und ergehe mich in Aktionen, die den Zielen meines Lebens eigentlich zuwiderlaufen.
Wenn Sie sich also regelmäßig eine Minute Zeit nehmen, um sich zu fragen: »Was ist mir wirklich wichtig?«, werden Sie feststellen, daß einiges von dem, was Sie tun, von Schaden für Sie ist. Diese Strategie kann Ihnen helfen, Ihre Handlungen auf Ihre Ziele abzustimmen, und Sie ermutigen, bewußtere und liebevollere Entscheidungen zu treffen.

95.

Lernen Sie, sich auf Ihre Intuition zu verlassen

Wie oft haben Sie sich schon gesagt: »Ich hab's ja gewußt, ich hätte das nicht tun sollen«? Wie oft wissen Sie etwas intuitiv, folgen aber lieber Ihrem Verstand?

Verlassen Sie sich auf Ihre Intuition, hören Sie auf Ihre innere Stimme, die Ihnen sagt, wie Sie handeln sollten und welche Veränderungen in Ihrem Leben nötig sind. Viele von uns übergehen ihre Intuition aus Angst, doch unmöglich etwas wissen zu können, ohne es wirklich durchdacht zu haben, oder auch weil sie meinen, daß Antworten nicht so einfach auf der Hand liegen können. Wir sagen: »Das kann unmöglich stimmen« oder: »Das kann ich unmöglich tun«. Sobald wir unseren Kopf einschalten, folgen wir lieber unserem Verstand. Dann leugnen wir so lange unsere eigenen Fähigkeiten, bis wir selbst davon überzeugt sind.

Wenn Sie Ihre Angst, daß Ihre Intuition Ihnen etwas Falsches suggerieren könnte, überwinden, wenn Sie lernen, ihr zu vertrauen, wird Ihr Leben zu dem magischen Abenteuer, das es sein

soll. Indem Sie sich auf Ihre Intuition verlassen, öffnen Sie Freude und Weisheit Tür und Tor. Ihr Herz wird bereit für die größte Quelle der Harmonie, die Sie haben.
Wenn Sie noch nicht vertraut damit sind, sich auf Ihre innere Stimme zu verlassen, sollten Sie sich zunächst eine Weile Zeit nehmen, um gedanklich zur Ruhe zu kommen und auf diese Stimme zu lauschen. Ignorieren Sie alle destruktiven Gedanken, die Ihnen durch den Kopf schießen, schieben Sie sie beiseite und konzentrieren Sie sich ausschließlich auf die ruhigen Gedanken, die nun langsam an die Oberfläche treten. Falls Ihnen ungewöhnliche, jedoch von Liebe erfüllte Gedanken auffallen, handeln Sie dementsprechend. Bekommen Sie zum Beispiel die Botschaft, jemandem, den Sie mögen, zu schreiben oder ihn anzurufen, dann tun Sie es. Wenn Ihre Intuition Ihnen sagt, daß Sie kürzer treten oder mehr Zeit für sich selbst finden sollten, dann versuchen Sie es wenigstens. Falls Sie an eine Gewohnheit erinnert werden, der Sie mehr Aufmerksamkeit schenken sollten, dann tun Sie auch das. Sie werden sehen, daß Sie oft mit positiven, von Liebe getragenen Erlebnissen belohnt werden, wenn Ihre innere Stimme Ihnen etwas sagt und Sie ihr folgen. Beginnen Sie noch heute, mehr auf Ihre Intuition zu vertrauen, und Ihr Leben wird sich von Grund auf ändern.

96.

Seien Sie offen gegenüber dem Ist

Eines der grundlegendsten geistigen Prinzipien vieler Philosophien ist die Idee, das Herz dem Ist zu öffnen, anstatt darauf zu bestehen, daß das Leben so oder so zu sein habe. Dieser Ansatz ist wichtig, weil unser innerer Kampf zum größten Teil auf unseren Wunsch zurückzuführen ist, das Leben zu kontrollieren bzw. zu verändern. Doch das Leben ist nicht immer (oder äußerst selten) so, wie wir es uns wünschen – es ist einfach, wie es ist. Je mehr wir uns der Wahrheit des Jetzt beugen, desto größer wird unser Seelenfriede sein.

Wenn wir dem Leben mit vorgefaßten Meinungen begegnen, stellen sich diese zwischen uns und die Möglichkeit, das Hier und Jetzt zu genießen und daraus zu lernen. Dies wiederum verhindert, daß wir anerkennen, was wir durchmachen, wodurch wir möglicherweise eine Gelegenheit für unser großes Erwachen verpassen.

Statt sich über das Quengeln eines Kindes oder die Mißbilligung

Ihres Partners zu ärgern, sollten Sie versuchen, Ihr Herz zu öffnen und das Jetzt, so wie es ist, zu akzeptieren. Finden Sie sich damit ab, daß die anderen sich nicht so verhalten, wie Sie es gerne hätten. Oder anstatt sich als Versager zu fühlen, weil ein Projekt, an dem Sie gearbeitet haben, zurückgewiesen wird, sagen Sie sich einfach: »Nichts war's. Das nächste Mal schaffe ich es vielleicht.« Atmen Sie tief durch und mildern Sie Ihre Reaktion ab.

Sie öffnen Ihr Herz nicht, um sich vorzugaukeln, Sie würden Ablehnung, Mißbilligung oder Ihr Scheitern jetzt genießen, sondern um darüber hinauszuwachsen – um gelassen hinzunehmen, daß das Leben eben nicht immer nach unseren Plänen verläuft. Können Sie lernen, Ihr Herz inmitten der alltäglichen Schwierigkeiten zu öffnen, werden Sie feststellen, daß viele Dinge, die Sie bisher aufgeregt haben, Sie jetzt kaltlassen. Ihre Sicht des Lebens vertieft sich dann. Wenn Sie sich allerdings gegen etwas stemmen, das auf Sie einwirkt, wird Ihr Leben zu einer Schlacht oder einem Pingpongspiel, bei dem Sie selbst der Ball sind. Wer sich mit dem Jetzt abfindet, es akzeptiert, wird mit Gefühlen des Friedens belohnt. Wenden Sie diese Strategie zunächst auf Kleinigkeiten an, mit denen Sie sich konfrontiert sehen. Allmählich werden Sie dasselbe Bewußtsein auch auf Größeres ausweiten können. So entwickeln Sie Stärke im Leben.

97.

Kümmern Sie sich um Ihren eigenen Kram

Es ist schon schwer genug, ein Leben heiterer Gelassenheit zu erreichen, wenn man es nur mit den eigenen mentalen Gewohnheiten und Problemen, den Widersprüchlichkeiten und Komplexitäten des Lebens zu tun hat. Wenn Sie aber das Gefühl haben, sich auch noch mit den Problemen anderer Leute herumschlagen zu müssen, schaffen Sie Ihr Ziel, inneren Frieden, wohl nie.

Wie oft hören Sie sich sagen: »Ich an ihrer Stelle würde das nicht tun« oder: »Das darf doch nicht wahr sein, daß er das getan hat« oder: »Was hat sie denn jetzt vor?« Wie oft sind Sie frustriert, erregt, verärgert oder besorgt, obwohl Sie nicht nur keine Kontrolle haben und auch nicht helfen können, sondern die ganze Sache Sie gar nichts angeht?

Damit will ich nicht sagen, daß Sie anderem Menschen nie behilflich sein sollten. Es geht vielmehr darum auszuloten, wann Hilfe wünschenswert ist und wann nicht. Ich habe beispielsweise zu denen gehört, die sich immer sofort einschalteten und ungefragt versuchten, eine Schwierigkeit in den Griff zu bekommen. Nicht nur waren meine Bemühungen fruchtlos – sie stießen auch fast nie auf Dankbarkeit, ganz im Gegenteil, oft ärgerten sich die Betroffenen sogar noch. Seit ich von meinem Bedürfnis geheilt bin, alle Probleme der Welt lösen zu wollen, ist mein Leben viel einfacher geworden. Und da ich mich jetzt nicht mehr ungefragt einmische, kann ich weitaus besser helfen, wenn ich darum gebeten oder wirklich gebraucht werde.

Sich um seinen eigenen Kram zu kümmern, heißt mehr als nur, der Versuchung zu widerstehen, anderer Leute Probleme zu den eigenen zu machen. Dazu gehört auch: andere auszuspionieren, Klatsch zu verbreiten, über andere hinter ihrem Rücken zu reden oder sie zu analysieren. Die meisten von uns konzentrieren sich vor allem deswegen auf die Schwächen oder Probleme ihrer Mitmenschen, weil sie so die Augen vor ihren eigenen verschließen können.

Wenn Sie merken, daß Sie sich irgendwo einmischen wollen, beglückwünschen Sie sich zu Ihrer Demut und Klugheit, sich schnell wieder zurückzuziehen. In kürzester Zeit setzen Sie ungeahnte Energien frei und können sich auf das konzentrieren, was wirklich relevant ist.

98.

Suchen Sie nach dem Aussergewöhnlichen im Gewöhnlichen

Ich hörte einmal von zwei Bauarbeitern, die von einem Reporter interviewt wurden. Der Reporter fragte den ersten Bauarbeiter: »Was machen Sie?« Seine Antwort bestand in einer langen Klage, daß er im Grunde ein Sklave sei, ein unterbezahlter Maurer, der seine Tage unnütz damit verbringe, Ziegelsteine aufeinanderzustapeln.

Der Reporter stellte dem zweiten Bauarbeiter die gleiche Frage. Seine Antwort fiel ganz anders aus. »Ich bin der reinste Glückspilz«, erwiderte er. »Ich darf teilhaben an einem wichtigen und wunderschönen Stück Architektur. Ich helfe dabei, einfache Ziegelsteine zu einem herrlichen Meisterwerk zusammenzufügen.«

Sie hatten beide recht.

Und so ist es eben: Wir sehen im Leben, was wir darin sehen wollen. Wenn Sie nach Häßlichkeit suchen, werden Sie oft genug fündig werden. Suchen Sie bei anderen Menschen, in

Ihrem Beruf oder ganz allgemein etwas zum Mäkeln, dann finden Sie Gründe genug. Das Gegenteil ist jedoch ebenso zutreffend. Sie können lernen, das Außergewöhnliche im Gewöhnlichen zu entdecken. Der zweite Maurer sieht in Ziegelsteinen imposante Kathedralen. Die Frage ist, können Sie das auch? Können Sie die außergewöhnliche Abgestimmtheit in unserer Welt erkennen, die Perfektion des Universums, die ungewöhnliche Schönheit der Natur, das unglaubliche Wunder menschlichen Lebens? Für mich ist das nur eine Frage des Willens. Es gibt so vieles, für das man dankbar sein, das man ehrfürchtig bewundern kann. Das Leben ist kostbar und außergewöhnlich. Wenn Sie das erst erkannt haben, wächst gewöhnlichen Kleinigkeiten eine völlig neue Bedeutung zu.

99.

Planen Sie Zeit ein für Ihre innere Arbeit

Im Bereich der Finanzplanung gibt es ein allgemein anerkanntes Prinzip: daß man unbedingt zuerst sich selbst bezahlen solle, ehe man die Rechnungen anderer begleicht – daß man sich also als Gläubiger sehen solle. Hinter dieser Weisheit steht die Überlegung, daß, wenn Sie erst Geld für sich zurücklegen wollen, nachdem Sie alle anderen bezahlt haben, nichts mehr für Sie übrig sein wird. Ergebnis: Sie schieben Ihre Sparpläne so lange hinaus, bis es schließlich zu spät ist. Doch, siehe da, teilen Sie sich zuerst einen Betrag zu, wird irgendwie auch gerade genug Geld für all die anderen da sein.

Dasselbe Prinzip läßt sich auf Ihr spirituelles Übungsprogramm übertragen. Wenn Sie damit warten, bis alle Hausarbeiten, Pflichten, Aufgaben und so weiter erledigt sind, werden Sie nie anfangen. Glauben Sie es mir.

Das einzige, was bei mir geholfen hat, war, wie für einen wichtigen Termin jeden Tag ein wenig Zeit einzuplanen, die ich ganz für mich alleine hatte. Sie könnten zum Beispiel zum Frühaufsteher werden und so eine Stunde gewinnen, in der Sie lesen, beten, reflektieren, meditieren, Yoga oder Gymnastik machen oder was immer Sie wollen. Sie können diese Stunde ausschließlich nach Ihren Wünschen gestalten. Wichtig ist, daß Sie die Zeit einplanen und sich daran halten.

Ich hatte eine Klientin, die tatsächlich regelmäßig einen Babysitter engagierte, damit sie die Dinge tun konnte, die ihr am Herzen lagen. Heute, mehr als ein Jahr später, haben ihre Anstrengungen enorme Früchte getragen. Sie ist glücklicher, als sie es je für möglich gehalten hätte. Sie erzählte mir, daß sie früher nicht im Traum daran gedacht hätte, sich einen Babysitter zu nehmen, nur um intensiv mit sich allein zu sein. Und jetzt kann sie es sich gar nicht mehr anders vorstellen! Wenn Sie es sich wirklich vornehmen, dann können auch Sie die Zeit finden, die Sie brauchen.

100.

Verbringen Sie den heutigen Tag, als wäre es Ihr letzter

Vielleicht ist er es ja tatsächlich!
Wann werden Sie sterben? In fünfzig Jahren, in zwanzig, zehn, fünf, heute? Bisher hat mir noch keiner darauf eine Antwort geben können. Oft frage ich mich, wenn ich die Nachrichten höre, ob der Mensch, der auf dem Rückweg von der Arbeit bei einem Autounfall ums Leben gekommen ist, seiner Familie einmal gesagt hat, wie sehr er sie liebt? Hat er gut gelebt? Hat er gut geliebt? Mit Bestimmtheit können wir wohl nur sagen, daß er immer noch genug in seinem »Korb mit Unerledigtem« hatte.
Wir haben doch alle keine Ahnung, wie lange wir noch leben. Bedauerlicherweise tun wir jedoch so, als würden wir ewig leben. Wir schieben Dinge hinaus, von denen wir tief im Herzen wissen, daß wir sie tun möchten – geliebten Menschen sagen, wie sehr sie uns am Herzen liegen, Zeit allein verbringen, eine gute Freundin besuchen, eine schöne Wanderung machen, an einem Marathon teilnehmen, einen herzlichen Brief schreiben, mit der

Tochter angeln gehen, meditieren, besser zuhören lernen und so weiter und so fort. Wir finden die ausgefeiltesten und raffiniertesten Gründe, unsere Handlungen zu rechtfertigen, und verschwenden doch unsere meiste Zeit und Energie auf Dinge, die nicht besonders wichtig sind. Wir zweifeln an unseren Fähigkeiten, bis wir von unserer Unfähigkeit überzeugt sind.
Ich hielt es für angebracht, dieses Buch mit dem Vorschlag zu beenden, jeden Tag so zu leben, als wäre es Ihr letzter auf dieser Erde. Damit will ich nicht andeuten, daß Sie leichtsinnig werden oder sich Ihren Verantwortungen entziehen sollen, sondern möchte Sie nur erinnern, wie kostbar das Leben doch ist. Ein Freund von mir hat einmal gesagt: »Das Leben ist zu wichtig, um es ernst zu nehmen.« Jetzt, zehn Jahre später, weiß ich, daß er recht hatte.
Ich hoffe, dieses Buch war und ist Ihnen weiterhin eine Hilfe. Bitte vergessen Sie nie die grundlegendste aller Strategien: *sich bloß nicht verrückt machen lassen!* Zum Schluß möchte ich Ihnen von Herzen alles Gute wünschen.
Geben Sie acht auf sich!

Wenn Sie mehr Information wünschen, auch zu Seminaren, Kassetten und anderen Materialien, oder falls Sie mir einmal mitteilen wollen, wie Sie es schaffen, sich nicht verrückt machen zu lassen, dann würde ich mich freuen, von Ihnen zu hören. Bitte schreiben Sie an P.O. Box 1196, Orinda, CA 94563, USA, und legen Sie einen adressierten Rückumschlag bei. Danke.

Literaturvorschläge

Dies sind einige meiner Empfehlungen zu diesem Thema, die zusätzliches Licht auf die in diesem Buch erklärten Strategien werfen.

Bailey, Joseph, *The Serenity Principle.* San Francisco 1990
Boorstein, Sylvia, *It's Easier than You Think.* San Francisco 1996

Carlson, Richard, *Handbook for the Soul.* New York 1995
–, *Kleines Buch des Herzens.* München 1998
–, *Short Cut Through Therapy.* New York 1995
–, *You Can Be Happy No Matter What.* San Rafael, Kalif. 1992
–, *You Can Feel Good Again.* New York 1993
Chopra, Deepak, *Die sieben geistigen Gesetze des Erfolgs.* München 1996
–, *Länger leben und jung bleiben – Your Ageless Body* (Audiokassette)

Dyer, Wayne, *Mut zum Glück. So überwinden Sie Ihre inneren Grenzen.* Reinbek 1996
–, *Sie sollten nach den Sternen greifen. Mit Mut zu neuen Zielen.* Zürich 1990
–, *Wirkliche Wunder. Wie man scheinbar Unmögliches vollbringt.* Reinbek 1994

–, *Der wunde Punkt. Die Kunst, nicht unglücklich zu sein.* Reinbek 1980
–, *Your Erroneous Zones.* New York 1995
–, *Your Sacred Self.* New York 1995

Hay, Louise, *Life.* Carson, Kalif. 1995
Hittleman, Richard, *Yoga – Das 28-Tage-Programm.* München 1991

Kabat-Zinn, Jon, *Wherever You Go, There You Are.* New York 1994
Kornfield, Jack, *Geh den Weg des Herzens.* München 1997

Le Shan, Larry, *How to Meditate* (Audiokassette)
Levine, Stephen und Ondra Levine, *In Liebe umarmen.* Bielefeld 1995

Salzberg, Sharon, *Geborgen im Sein.* München 1996
Schwartz, Tony, *Was wirklich zählt.* München 1996
Siegel, Bernie, *Love, Medicine and Miracles.* New York 1986

Williamson, Marianne, *Rückkehr zur Liebe.* München 1996

Dieses Werk ist auch als Hörkassette im Rusch Verlag, Konstanz/Kreuzlingen, erschienen.